KB160370

DMZ 접경지역 기행 3

양구편

# 3

## D M Z
## 접경지역
## 기 행

# 양
# 구

건국대학교
통일인문학연구단
DMZ연구팀

경인문화사

# 목
# 차

**01** 양구,
적대의 공간에서 애도와 통일을 기원하다

| | |
|---|---|
| 양구전쟁기념관 | 009 |
| 양구통일관 | 012 |
| 제4땅굴 | 015 |
| 을지전망대 | 016 |
| 한반도 섬 | 018 |
| 금강산 가는 길 표지석 | 020 |

**02** 양구의 전적비,
우리는 무엇을 기억해야 하는가

| | |
|---|---|
| 양구전쟁기념관 | 027 |
| 도솔산지구 전투위령비 | 029 |
| 피의 능선 전투전적비 | 030 |
| 펀치볼지구 전투전적비 | 032 |
| 백석산지구 전투전적비 | 034 |

**03** 뭇 생명과 함께 하는 삶,
양구에서 찾는 상생의 미래

| | |
|---|---|
| 양구수목원 | 041 |
| DMZ무장애나눔숲길 | 044 |
| DMZ야생화분재원 | 045 |
| DMZ야생동물생태관 | 047 |
| 산양증식복원센터 | 049 |

**04** 한반도의 배꼽 양구는
언제쯤 '금강산 가는 길'의 상징이 될까

| | |
|---|---|
| 국토정중앙휘모리탑 | 059 |
| 국토정중앙천문대 | 061 |
| 전기필 불망비 | 063 |
| 한반도 섬 | 064 |
| 양구중앙시장 | 066 |
| 양구 해시계 그리고 금강산 가는길 | 068 |

**05** 백토의 고장,
박수근의 미술을 키워낸 민초의 삶과 애환

양구백자박물관 075
칠전리 1~2호 가마터 077
양구선사박물관 079
양구근현대사박물관 081
양구중앙시장 082
박수근미술관 084

**06** 양구의 선사유적지들,
선인들의 삶과 자취에 관한 또 하나의 기록

양구선사박물관 091
상무룡리 유적 093
만대리 유적 096
고대리와 공수리 지석묘군 098

**07** 금강산 가던 옛길의 '두타연',
비무장지대 청정한 발원의 땅

두타연갤러리 107
양구전투위령비 108
두타연 110
두타연 보덕굴 112
두타연 조각공원 116
두타교 & 하야교 120
두타연 지뢰체험장 122

**08** 지질공원으로서의 '해안분지',
접경지역 삶터로서의 '펀치볼'

해안분지 129
양구통일관 & 양구전쟁기념관 &
펀치볼둘레길안내센터 131
몰골교 & 양구 해안선사유적 133
펀치볼 마을 135
펀치볼시래기마을농가 138
을지전망대 141

# 01 _____

## 양구,
## 적대의 공간에서
## 애도와 통일을 기원하다

| 양구전쟁기념관 – 양구통일관 – 제4땅굴 – 을지전망대 –
  한반도 섬 – 금강산 가는 길 표지석

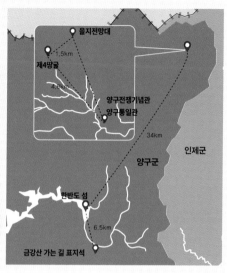

치열했던 격전의 역사, 양구전쟁기념관
안보관광의 시작점, 양구통일관
과거의 전쟁이 현재로 이어지는 곳, 제4땅굴
분단의 생생한 현장, 을지전망대
파로호에 만든 하나 됨의 염원, 한반도 섬
남북을 자유롭게 오가던 길에서, 금강산 가는 길 표지석

　　　　　　전후戰後 수십 년이 지난 지금도 전쟁과 분단의 그림자가 가장 짙게 드리워진 공간은 남북의 경계에 가장 가까운 DMZ 접경지역이라고 할 수 있다. 강원도 양구楊口도 그 중 하나다. '버드나무가 우거진 들판으로 들어가는 입구'라는 의미에서 '양구'라고 이름 붙여진 땅이다. 하지만 이름이 주는 이미지와 달리, 양구는 DMZ 접경지역으로서 안보관광이 가장 대표적인 지역이 되었다. 격렬한 고지전이 벌어졌던 땅이자, 북녘을 엿볼 수 있는 최전방이기에 그렇다.

# 치열했던 격전의 역사,
# 양구전쟁기념관

양구는 군사분계선과 근접한 지역인 만큼 많은 전투가 있었다. 그렇게 아름답던 양구를 휩쓸고 간 아홉 개의 고지전高地戰을 기억하기 위해 2000년 6월 이곳에 양구전쟁기념관을 지었다. 그래서인지 전시관 입구에서도 가장 먼저 눈에 들어오는 것은 대표 전투를 상징하는 아홉 개의 기둥 탑이다. 기둥 탑들은 저마다 높이가 다른데, 기둥의 벽면에는 각 전투의 이름과 고지의 높이, 참전부대, 전투 기간 등을 새겼다. 벽면 곳곳에 파인 동그란 홈들은 총알 자국을 재현한 것인데, 총격이 난무했던 전장을 상징적으로 보여준다. 고지전의 상징물인 이 기둥들은 전쟁기념관에 발을 들여놓는 사람들을 양구 9대 격전지로 안내하는 듯하다.

양구전쟁기념관은 콘크리트를 그대로 노출한 건물로, 기울어진 형태를 취하고 있다. 이것은 전쟁 중에 폭격으로 인해 파괴되고 스러져가는 위급한 상황을 재현하기 위해서다. 전시관 입구의 철판은 전쟁으로 인한 암흑을, 철판에 난 구멍들은 총탄 자국을 의미한다. 그중에서 안쪽으로 들어서자마자 벽 구석에 앉아 있는, 병사 동상이 유독 눈에 띈다. 지친 듯 벽 모서리에 기대앉은 이 병사는 판초우의를 입은 채 소총은 가슴에 기대놓고, 왼손에 든 수첩을 들여다보고 있다. 전투 중 잠깐의

양구전쟁기념관의 9개 기둥은
이곳에서 전개된 9개의 전투를 상징한다.

—
양구전쟁기념관에 설치된 병사조형물

휴식 시간이었을까. 아니면 경계 근무를 서다가 잠시 쭈그려 앉은 걸까. 그의 손에 든 수첩에는 도대체 어떤 내용이 적혀 있었을까. 그의 눈빛에서 돌아가고 싶은 고향과 보고 싶은 이에 대한 그리움을 발견하게 된다.

  양구전쟁기념관 안으로 들어서면, 여덟 개의 테마로 구성된 내부 전시실들을 둘러볼 수 있다. 전시실들은 무념, 환영, 만남, 이해, 체험, 확인, 추념, 사색의 테마로 꾸려져 있다. 이들 테마 전시실들은 양구에서 벌어졌던 아홉 개의 고지전에 대한 설명과 함께 치열했던 양구 지역의 전투 장면을 묘사한 디오라마와 동영상, 슬라이드 영상 등을 갖추고 있다.

  양구전쟁기념관에서 전시하는 9대 격전은 1951년 6월부터 시작되어 6개월 동안 이어진 전투들이다. 그 시작은 1951년 6월 4일에 발생한 도솔산 전투였다. 한국 해병대는 인민군이 점령하고 있던 도솔산 지구를 17일 만에 탈환하였다. 이에 이승만 대통령은 '무적 해병'이라는 휘호를 내렸고, 이후 「도솔산가」라는 군가도 만들어졌다.

그러나 도솔산 전투에서의 승전은 격렬한 고지전의 시작이었을 뿐이다. 전투가 끝난 바로 다음 달인 7월에 대우산 전투가 터졌다. 북과 중공군 측이 휴전회담 시작 후 10일 만에 UN 공군의 오폭을 문제 삼고 회담장을 떠나자, UN군은 그들의 휴전회담 복귀를 유도하기 위해 공격을 결정한 것이다. 7월 말까지 이어진 전투는 UN군의 대우산 점령으로 끝났다. 하지만 휴전회담을 위해 시작한 전투는 걷잡을 수 없이 격렬해졌다. 대우산 전투 이후 8월부터는 도솔산과 대우산 지역 인근에서 동시다발적으로 전투가 벌어졌다. 이것이 바로 피의 능선 전투와 백석산 전투, 그리고 펀치볼 전투다. 전투가 격렬해지면서 사람들은 더 많이 죽어갔다. 특히, 피의 능선 전투에서는 한국군과 미군의 사상자만 3,700여 명에 이르렀고 인민군도 1만 5,000여 명이 죽어갔다. 이 때문에 당시 미군이 발행하던 일간지 〈스타 앤 스트립스(Star and Stripes)〉는, 에리히 마리아 레마르크의 소설 『서부전선 이상 없다』에 나오는 독일 서부전선의 한 지역 이름을 따서 이곳을 '피의 능선 고지'라는 이름을 붙여 보도하였다.

백석산 전투와 펀치볼 전투가 채 끝나기도 전, 9월에는 또다시 다른 전투가 벌어졌다. 대우산 동쪽에서는 가칠봉 전투가, 백석산 북쪽에서는 단장의 능선 전투가 터진 것이다. 단장의 능선 전투 역시 피의 능선 전투와 마찬가지로 너무 많은 사람이 죽었기 때문에 지역명이 아닌 비유적 이름이 붙여졌다. 단장斷腸은 말 그대로, '몹시 슬퍼서 창자가 끊어지는 듯함'이란 뜻이니, '단장의 능선'은 영어로도 '배틀 오브 하트브레이크 릿지(Battle of Heartbreak Ridge)'로 표기한다. 하지만 겨울이 와도 전쟁은 끝나지 않고 더욱 확산하였다. 11월에는 949고지 전투가 터졌고, 12월에는 크리스마스고지 전투가 이어졌다.

이렇게 아홉 곳의 전투를 거치면서 한국군을 비롯해 미군, 네덜란드군까지 총 1만 2,000여 명 이상이 죽거나 다쳤다. 인민군 측에서도 총 5만 3,000여 명 이상의 사상자가 나왔다. 1951년 6월부터 6개월간 양구의 고지에서 죽어간 이들의 목숨만 6만 5,000여 명이었다. 피는 능선을 타고 흘러내렸고, 너무나 많은 이들이 목숨을 앗긴 고지에는 단장의 슬픔만이 가득하였다.

그래서일까. 양구전쟁기념관 곳곳은 여전히 스러져 간 이들의 안타까운 영혼과 슬픔이 맴돌고 있는 듯하다. 특히 전시관 복도 천장에 열을 맞춰 매달린 철모를 보니 아스라이 사라져간 젊은 청년들의 모습이 오버랩 되는 것처럼 느껴졌다. 전시관을 둘러보고 다시 밖으로 나오면 도솔산·펀치볼 지구 전투전적비를 만날수 있다. 거대한 전적비 앞에는 해병대원과 한국군, 미군 참전용사의 모습을 상징하는 세 기의 '청동용사상靑銅勇士像'이 서 있다. 용맹하게 서 있는 동상이지만, 그렇게 사라져간 수많은 젊은 청년들의 희생에 대한 애도를 담아내기엔 여전히 부족해 보였다.


## 안보관광의 시작점,
# 양구통일관

양구전쟁기념관을 나서면 바로 옆에 양구통일관이 있다. 가장 먼저 볼 수 있는 것은 건물 중앙에는 6m 높이에 달하는 커다란 조각상이다. 허리를 숙이고 있어서 '그리팅맨(Greeting Man)'이라고 이름 붙여진 이 조각상은 유영호 작가의 작품으로 말 그대로 '인사하는 사람'을 의미한다. 하지만 단순히 인사하는 동상이라고만 보면 곤란하다. 유영호 작가는 고개 숙여 인사하는 한국의 인사법에 서로에 대한 배려, 존중, 평화의 의미를 담아 그 의미를 전하고자 그리팅맨 1,000개를 전 세계 곳곳에 세우는 글로벌 프로젝트를 기획하였다. 양구통일관의 그리팅맨은 1,000개 그리팅맨 가운데 두 번째 설치로 알려져 있다.

첫 번째 그리팅맨이 세워진 곳은 우루과이의 수도 몬테비데오다. 2012년에

양구통일관 전경

첫 그리팅맨을 작업한 이후, 양구가 고향이었던 유 작가는 이곳 을지전망대에서 한국전쟁의 격전지가 내려다보이는 곳에 두 번째 그리팅맨을 세우려고 하였다. 그러나 을지전망대에 그리팅맨을 세우기 위해서는 넘어야 할 관문이 너무나 많았다. 군사분계선에서 가까운 을지전망대에 동상을 세우려면, 정전협정에 따라 UN군 군사정전위원회의 허가를 받아야 한다. 결국 유 작가는 '불가不可' 통보를 받았고 다른 후보지를 물색할 수밖에 없었다. 그는 을지전망대로 가는 길에 있는 버려진 벙커를 염두에 두었다. 하지만 일대가 지뢰 매장지여서 그곳도 물 건너갔다. 결국 그리팅맨은 격전지를 내려다보는 산 위로 올라가지 못하고 양구통일관 앞에 세워지게 되었다.

'안녕' 인사를 전하는 그리팅맨을 뒤로하고 전시관으로 들어서면, 제1관 '북한의 현재'와 제2관 '미래의 한반도'가 있다. 제1관 '북한의 현재'에는 북에서 사용하는 물품과 북쪽 주민들의 생활상 등을 전시하고 있다. 제2관 '미래의 한반도'에는 통일 이후에 읽고 싶은 신문 기사를 직접 편집하여 출력해 볼 수 있는 '통일일보'와 '통일열차여행 시뮬레이션' 등이 있다. 이것들은 방문객들로 하여금 통일된

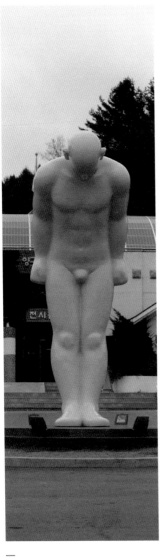

한반도에 대한 상상의 나래를 펼칠 수 있게 한다.

단출하게 구성된 전시관 관람을 마치고 통일관을 나서기 위해 몸을 돌리면, 다시금 허리를 숙이고 있는 그리팅맨의 뒷모습이 눈에 들어온다. 인사는 만남과 소통의 시작이고 감사의 표현이자, 때로는 미안함을 전하는 방법이다. 그리팅맨은 먼저 고개를 숙이고 인사를 전한다. 고개 숙여 서로 인사하는 것이야말로 남북이 소통하고 화합할 수 있는 첫 출발점일지도 모르겠다. 소통은 그렇게 아주 작은 몸짓으로 시작하는 것이라고 우린 믿는다.

양구통일관 앞 그리팅맨 조각상

# 과거의 전쟁이 현재로 이어지는 곳,
# 제4땅굴

양구통일관에서 출입 신고를 하고 민통선 안으로 들어서면 양구 안보관광의 대표적인 코스인 제4땅굴을 만날 수 있다. 1990년 3월 3일, 네 번째로 발견된 땅굴이다. 제1땅굴은 1974년 11월 15일 연천에서 발견되었다. 제2땅굴은 4개월 뒤인 1975년 3월 19일 철원에서, 제3땅굴은 1978년 10월 17일 파주에서 발견되었다. 이후 땅굴은 오랫동안 발견되지 않았다. 다시 땅굴이 등장한 것은 1990년 3월 3일이었다. 바로 이곳 양구의 동부전선 비무장지대에서다. 군사분계선에서 남쪽으로 1,502m 지점에서 발견된 제4땅굴은 지하 145m 깊이에 폭 1.7m로, 전체 길이는 2,052m였다. 제4땅굴 발견 당시 국방부는 20여 개의 땅굴이 더 있을 것이라고 발표하였지만, 더 이상의 땅굴은 발견되지 않았다.

1992년, 제4땅굴을 발견했던 군부대는 37억 원을 들여 제4땅굴을 안보교육장으로 만들었다. 안보기념관에는 한국전쟁과 양구의 고지전들에 대한 설명 및 땅굴에 관한 정보들이 자세하게 전시되어 있다. 야외에는 '남침 분쇄'라고 적힌 상징탑과 전투기, 탱크 및 땅굴 조사 당시 폭발로 인해 죽음의 위기에 처했던 분대원의 생명을 구한 수색 탐지견 헌트(Hunt)의 군견상軍犬像도 있다.

그러나 관광객에게 '북의 남침 야욕'을 상기하는 데 주효하게 활용되었던 제4땅굴은 양구주민에게는 전혀 다른 의미로 다가왔다. 한 조사에 따르면, 1960년대부터

제4땅굴 표지석

2016년까지 양구 산악지대에서 지뢰 사고를 당한 민간인은 19명에 이른다. 이 가운데 7명이 1990년 이후 제4땅굴 근방에서 사고를 당하였다. 제4땅굴 발견 이후 군이 땅굴 근방에 지뢰를 집중적으로 살포한 것이 원인이었다. 접경지대를 살아가는 사람들은 곳곳에서 이렇게 분단체제가 만들어내는 지속적인 폭력과 위험에 노출되어 있다.

분단의 생생한 현장,
# 을지전망대

제4땅굴과 인접해 있는 을지전망대는 군사분계선에서 남쪽으로 1km 지점에 있다. 가칠봉 능선에 자리하고 있는 을지전망대에서 북쪽을 내려다보면 북측 초소와 논밭이 보인다. 날씨가 맑은 날에는 금강산의 비로봉·차일봉·월출봉·미륵봉·일출봉까지 보인다고 한다. 동쪽으로는 오목한 지형의 양구군 해안亥安면이 내려다보이는데, 전망대로 올라가는 길 근처 해안면 인삼밭과 어울리면서 장관을 선사한다.

그런데 해안면이라는 이름의 유래가 참 재미있다. 전해오는 이야기에 따르면 해안면은 원래 물이 많은 습한 지형이기에 뱀이 많았다. 뱀 때문에 주민들은 근심이 늘어갔다. 우연히 이곳을 방문한 한 스님의 조언대로 돼지를 키우자 마을은 안정되기 시작했다. 돼지들이 뱀을 잡아먹었기 때문이다. 이후, 주민들은 돼지 덕분에 이곳이 평안해졌다고 해서 '돼지 해亥', '평안할 안安' 자를 써서 '해안亥安'이라고 불렀다고 한다.

이름의 유래를 알게 되니 을지전망대에서 내려다보이는 해안면의 풍경이 사뭇 다르게 보이기 시작한다. 그러나 현재 이곳은 '펀치볼(Punch Bowl)'이라는 이름

으로 더 많이 알려져 있다. 펀치볼이라는 이름은 한국전쟁 당시 외국인 종군기자들이 이곳 해안분지의 모양이 칵테일을 담는 화채 그릇인 펀치볼(Punch bowl)을 닮았다고 말한 데서 유래한다. 양구 펀치볼은 한 지역이 오랫동안 형성해온 고유한 역사와 특성, 그 자체의 신비함과 아름다움, 나아가 이와 관련된 후대 사람들의 기억까지도 전쟁을 거치면서 한순간에 뒤바뀔 수 있다는 것을 보여주는 대표적인 사례다.

을지전망대에서 '펀치볼'을 내려다보면서 갑자기 다른 생각 하나가 삐져나왔다. 전쟁은 기억만 바꿔놓은 게 아니라, 전쟁 그 자체에 대해서도 둔감하게 만들고 있다는 생각이었다. 을지전망대가 있는 가칠봉 능선은 전쟁 이후 남북의 첨예한 대치 장소였다. 이곳을 안내하는 한 군인은 남북간에 '여성의 섹슈얼리티'를 활용한 심리전이 오갔다는 여성차별적인 이야기를 아무렇지 않게 늘어놓았다. 그는 북측 여군들이 심리전의 한 방편으로 선녀폭포에서 알몸으로 목욕하는 모습을 연출하였다고 귀띔하면서, 이에 대응하여 남측은 가칠봉에서 미스코리아대회

수영복 심사를 진행한 적도 있다고 말하였다. 만약 그의 말이 사실이라면, 이는 국가에 의해 자행된 여성의 성적 도구화의 사례가 될 것이다. 이 땅의 전쟁—분단 체제가 강력한 이념대립을 넘어서 신체적·정신적인 억압과 함께 여성성에 대한 왜곡과 폭력까지 재생산하는 게 아니냐는 의구심이 밀려왔다. 한반도의 분단이 이와 같은 내밀한 폭력성조차 하나의 가십거리로 만들거나 정당화할 수 있다는 생각이 미치자, 온몸이 얼어붙기 시작하였다.

## 파로호에 만든 하나 됨의 염원,
# 한반도 섬

을지전망대를 뒤로 하고 31번 국도를 따라 양구군청 쪽으로 착잡한 발걸음을 돌렸다. 이 길로 내려오다 보면 뜬금없이 넓게 조성된 호수를 만날 수 있다. 흔히 파로호破虜湖로 알려진 호수다. DMZ 접경지역은 대체로 내륙이면서도 높은 지역이 많기에 이 파로호는 굉장히 이색적으로 보인다. 그런데 높디높은 산을 병풍처럼 둘러싸고 아름답고 평화롭게 조성된 정갈한 호수에 '오랑캐를 파괴한(쳐부순, 묻은) 호수'라는 뜻의 파로호란 이름을 붙인 이유는 무엇일까. 독특한 자연경관은 이내 낯설게 다가왔다.

원래 파로호는 일제강점기인 1944년 화천수력발전소의 건설로 인해 만들어졌다고 한다. 하지만 파로호의 본래 이름이 파로호였던 것은 아니다. 원래 이름은 '화천호華川湖' 또는 '구만호', '구만리 저수지'였다. 파로라는 이름이 붙은 것은 한국전쟁 이후였다. 1951년 5월 화천호에서는 그 유명한 '파로호 전투'가 벌어졌다. 이 전투에서 퇴로가 차단되어 수세에 몰렸던 중공군은 크게 패하고 수많은 사상자를 냈다. 최소 2만 5,000여 명의 사상자가 났던 것으로 알려졌다. 이들은 전쟁과는 아무 상관 없이 화천의 역사와 전통을 담아냈던 평화로운 화천호에 수장되었다. 그 뒤 이승만은 화천호에 '오랑캐를 무찌른 호수'라는 의미에서 파로호라는 이름을 붙였다.

건곤일척의 전투, 절체절명의 대결 상황에서 이런 작명은 사기진작을 위한 좋은 수단이 될 수 있다. 그러나 평화로 가는 오늘의 길목에서 바라보면, 파로호라는 이름은, 수만 명의 불꽃 같은 생이 증발하는 것에 대한 슬픔, 그리고 이렇게 사라져간 이들에 대한 최소한의 애도가 느껴지지 않는, 아주 잔인한 이름으로 읽힌다. 더구나 이 호수가 오래전부터 지녀왔던 최소한의 역사성마저 배제한 것이기에, 파로호에서 우리는 냉전이 만든 폭력적 네이밍의 그늘을 자꾸만 생각하게 된다.

이 파로호 상류에는 인공습지가 있고 거기에 '한반도 섬'이 있다. 양구군은 양구가 한반도 정중앙에 있다는 지리적 특성을 부각하였다. 그래서 파로호 상류에 인공습지를 조성하고 그 안에 한반도 모양의 섬을 조성한 것이다. 섬의 면적은 약 $42,000km^2$에 이르고, 지리산과 금강산처럼 각 지역을 대표하는 랜드마크

—
내려다본 한반도 섬

(Landmark)들을 만들었다. 그래서 이 섬을 산책하다 보면 마치 한반도를 종주縱走하는 듯한 느낌을 받는다. 하지만 통일의 염원을 담고 있는 한반도 섬이 진짜 그 염원을 실현하는 공간이 되기 위해서는 '랜드마크'가 아니라 남북이 분단의 상처를 서로 보듬고 극복하려는 자세가 중요하다. 평화와 치유를 고민해야 하는 지금, 전쟁에서 죽어간 이들에 대해서는 적대적인 대립을 넘어 그 자체로 애도할 수 있어야 한다. 생명은 절대적으로 평등하며, 체제와 이념의 우열을 가리는 방편이 될 수 없기 때문이다. 생명은 과거의 상처를 딛고 진정한 평화와 통일을 향해 나아갈 수 있는 진정한 숨길이다.

## 남북을 자유롭게 오가던 길에서,
# 금강산 가는 길 표지석

이렇게 양구를 돌아본 뒤 다시 31번 국도를 타고 남쪽으로 내려오면 양구읍 입구에 해당하는 송청사거리에 크게 서 있는 표지석이 보인다. 커다란 사거리에 어울릴 만큼 큰 비석은 오가는 사람들의 눈길을 사로잡는다. 바로 '금강산 가는 길' 표지석이다.

1996년 7월 세워진 이 표지석은 양구를 지나는 국도 31호선이 금강산 가는 최단 거리임을 알리고 있다. 표지석에 새겨진 거리는 공식적으로 양구읍 입구에서부터 금강산 장안사까지의 거리다. "금강산 가는 길/Mt.Kum kang 52km". 52km라면 서울에서 파주까지 가는 거리 정도다. 아이러니하게도 수많은 고지를 둘러싸고 남북이 첨예하고 대치하고 있는 DMZ 접경지역인 이곳 양구에서 우리는 북의 금강산이 얼마나 가까운지를 실감한다. 북쪽 땅이 내려다보이는 을지전망대에 서서 금강산을 보면 곧 닿을 듯하였지만, 그 옆의 땅굴을 보노라면 우리에

금강산 가는 길 표지석

게 그 길은 너무나도 멀게 느껴진다. 또한 여기 표지석에서 그렇게 멀게만 느껴졌던 거리는 다시금 걸어서 하루 만에 갈 수 있는 거리로 체감된다. 우리는 '멀지만 가깝다'라는 형용모순을 분단이라는 조건 속에서 실감하고 있었다.

그렇기에 이제부터 우리는 적이 아니라 친구가 되는 길을 모색해야 할 때다. 양구는 아주 오래전부터 금강산을 가기 위해 거쳐야 하는 길목으로 여겨져 왔다. 하지만 분단 이후, 양구는 이름 그대로의 '입구'가 아닌 더는 북쪽으로 갈 수 없는 '장벽'이 되었고, 분단의 척박한 땅으로만 기억되고 있다. 우리가 서로의 아픔을 어루만지고 금강산 가는 길을 열 때, 양구는 다시 서로를 잇는 '입구'가 될 것이며 통일을 만들어가는 미래의 공간이 될 것이다.

# 땅굴

한국에서 '땅굴'은 땅속으로 뚫린 굴이라는 사전적 의미를 벗어난 용어이다. 오히려 이것은 1974년부터 1990년까지 DMZ 인근에서 발견된 북한의 군사적 용도의 지하 갱도라는 의미로 규정된다. 그런데 땅굴은 한반도 분단체제에서 북측의 위협을 증명하는 직접적인 물리적 증거로 활용되고 나아가 그에 대항하는 우리들의 태도를 미리 정했다는 점에서 매우 중요한 의미를 간직한다. 1960년대 후반 남북의 접경지역에서는 크고 작은 충돌이 있었다. 이에 따라 휴전선 전역에 있어 기존 목책과 철조망을 대체하는 철책 설치가 추진되었다. 1970년대 초반은 이러한 철책 설치가 마무리되고 DMZ 인근이 '보호구역'으로 지정되었다. 이렇게 일반국민들의 자유로운 접근과 활동이 제한되는 '분단의 공간'들이 제도적으로 구축된 것이다. 1970년대 남북의 대결구도는 이렇게 만들어진 분단의 공간들이 주도적으로 이끌어 갔으며 외부적인 위기상황에 대응하는 한국사회의 내부결속에도 이 공간들이 매우 적극적으로 활용되었다. 특히 1970년대부터 발견되는 땅굴은 바로 분단의 공간들을 대표한다. 1974년 11월 15일 발견된 연천의 제1땅굴, 1975년 3월 19일 발견된 철원의 제2땅굴, 1978년 10월 17일 파주에서 발견된 제3땅굴, 1990년 3월 3일에 양구에서 발견된 제4땅굴은 북측의 남침 야욕을 홍보하는 대표적인 장소로서 대한민국의 안보관광의 필수코스로 활용되고 있다. 구체적으로 안보관광지로서 땅굴을 활용하여 적이 항상 존재한다는 이미지 고착, 집단적 공포와 불안, 북에 대한 적대성의 강화, 체제에 순응하고 복종하는 국민의 생산 등이 진행되었다.

# 02 ————

## 양구의 전적비,
## 우리는 무엇을
## 기억해야 하는가

│ 양구전쟁기념관 – 도솔산지구 전투위령비 – 피의 능
  선 전투전적비 – 펀치볼지구 전투전적비 – 백석산지
  구 전투전적비

기억과 망각 사이, 양구전쟁기념관
참혹한 고지전의 시작, 도솔산지구 전투위령비
전쟁의 참상과 평화, 피의 능선 전투전적비
잃어버린 지명 속 공식화된 전투, 펀치볼지구 전투전적비
마지막 고지전, 백석산지구 전투전적비

　　　　　2011년에 개봉되어 흥행한 영화 「고지전」의 마지막 전투 장면에는 이런 대사가 나온다. "우리는 빨갱이랑 싸우는 게 아니고 전쟁이랑 싸우는 거야." 이 영화 전체에 걸쳐 그려지고 있는 것은, 전쟁이라는 행위 자체가 전쟁의 대상이 되어버리는 모순적 상황이다. 영화의 마지막 장면에서 주인공은 피아彼我의 '구분 없이' 주검들이 뒤섞인 채 쌓여 있는 고지를 비틀거리며 내려온다. 적은 '적'이 아니고, 승리는 결코 '승리'가 될 수 없는 전쟁에서 결국 남은 것은 이름 모를 고지 그 자체였다. 삶과 죽음이 교차하면서 치열하게 소모된 고지 쟁탈전은 한국전쟁의 가장 비극적인 장면이다. 영화의 등장인물들은 피아彼我를 막론하고 결코 그 마지막 전투를 원하지 않았다. 휴전협정 조인과 협정 발효 사이의 12시간 동안, '한 치의 땅이라도 더 차지하기 위해' 자신의 의지와는 상관없이 고지 탈환전에 내몰려야 했던 생명의 비참함이야말로 이 영화의 클라이맥스라고 할 수 있다.

　　　　　그런데 「고지전」은 단순한 영화적 허구로 그치지 않는다는 점에서 더욱 무겁게 다가온다. 무엇보다 영화적 서사 내용이 실제와 가깝기 때문이다. 사실 한국전쟁은 전체 전쟁 기간의 약 7할을 차지하는 3년 1개월 동안, 현재의 군사분계선을 만들어낸 동서 155마일 전선을 소모적인 전투로 채운 특이한 양상의 전쟁이었다. 세계 전쟁 사상 처음 보는 제한 전쟁(휴전이 되면 각기 점령 지역에서 국경이 정해지는 조건으로 싸우는 전쟁)이었다. 영화가 그려냈던 것처럼, 당시 남북은 '한 치의 땅이라도 더 차지하기 위해' 밤낮으로 고지전高地戰을 벌였다. 양구의 주요 능선과 골짜기들은 한국전쟁 중 가장 처참하고 치열했던 '고지전'이 벌어졌던 장소들이었다.

　　　　　특히 양구 '해안분지亥安盆地'를 둘러싼 고지들은 지지부진한 휴전 협상 속에서 수많은 이들의 생명이 의미 없이 사라져갔던 비극의 장소였다. 그래서일까. 다른 격전지와 달리 양구의 격전지에 대한 표현은 더욱더 직접적이다. 철원에 있는 '백마고지'가 은유적 표현이라면, 양구 지역에는 '피의 능선(Bloody Ridge)'과 '단장斷腸의 능선' 같이 그 비극성이 뚜렷하게 직감되는 직접적인 표현의 전적지가 다수다. 그렇다면 이제 다시 물어야 한다. 우리는 이들 전적비를 통해 무엇을 기억해야 할까?

# 기억과 망각 사이,
# 양구전쟁기념관

한국전쟁사에서는 양구 해안분지의 고지들에서 약 221일 동안 벌어졌던 주요 전투를 9개, 사상자 수를 약 25만여 명으로 압축해서 기록하고 있다. 이것이 '양구 9대 고지전'이다. 주요 전투가 있었던 백석산, 펀치볼, 도솔산, 피의 능선 등 핵심 전투들이 벌어진 고지들의 이름을 딴 '전적비'가 양구 곳곳에 세워져 있다. 하지만 전쟁기념물은 특정한 관점에 의해 선별되고 구성된 기억을 보존하고 전달하려는 목적이 전제되어 있다. 그래서 그것은 종종 전쟁이 남긴 상처와 고통에 대한 성찰적 기억보다는, 전쟁 승리의 영광과 환희를 채색하는 방식과 가깝게 만들어지곤 한다. 탑과 비석은 그러한 목적달성에 가장 적합한 전쟁기념물이었다. 국가보훈처 현충시설 정보 서비스를 참고하면 2017년으로 기준으로 한국의 전쟁기념물 1,155개 가운데 탑과 비석이 86%에 해당하는 1,002개를 차지하는 것 역시 이와 무관하지 않다. 이와 같은 양구 9대 고지전을 테마로 한 박물관이 '양구전쟁기념관'이다.

기념관 입구에는 하늘을 찌를 듯한 기세를 보이는 미사일과 지금이라도 굉음을 울리고 나아갈 것만 같은 전차가 전시되어 있다. 하지만 조금 안쪽으로 걸어가면 머리를 숙이고 인사하는 모습의 거대한 조각상 '그리팅맨(Greeting Man)'이 있다. 이 조각상은 자신을 낮춰 상대를 존중하고 마음을 엶을 표현하고 있으며, 인사를 통해 모든 사람의 평화와 안녕을 기원하고 있다. 그래서 양구전쟁기념관은 여러 의미가 혼재된 공간이다. 게다가 박물관 뒤편에는 '양구 통일관'이 자리를 잡고 있다. 이렇게 보면 양구전쟁기념관에는 '전쟁', '평화', '통일'이 모두 담겨 있다. 어쩌면 우리가 양구의 전적비에서 찾아야 하는 의미들도 이런 것이 아닐까?

사실 '전쟁'을 '기념'한다고 할 때 그 기념 대상을 무엇으로 하느냐 하는 문제

양구전쟁기념관

는 한 집단이나 국가가 지닌 역사철학적 성격과 직결된다. 영토와 공간, 이념과 체제, 승리와 패배의 기념비는 하나의 '외형'에 불과할 뿐이다. 중요한 것은 역사의 수레바퀴 아래 죄 없는 생명이 무수하게 사라졌고, 그렇게 사라져 간 이들의 슬픔과 고통을 기억하고 추모하며 앞으로 그러한 비극이 다시 재발하지 않도록 공동의 지혜를 모색하는 과정일 것이다. 양구전쟁기념관이 지금 과연 그러한지는 잘 모르겠다. 하지만 기념비적 공간이란 것은 고정된 것이 아니라 그곳을 향유하고 체험할 당사자들에 의해 새롭게 바뀔 수 있는 열린 공간일 것이다. 추모와 애도를 위한 양구 순례길에 가장 먼저 이곳 양구전쟁기념관을 찾은 이유가 바로 여기에 있다.

# 참혹한 고지전의 시작,
# 도솔산지구 전투위령비

양구 고지전의 시작은 '도솔산 지구 전투'였다. 양구의 31번 국도를 따라 해 안면 방향으로 진입하다 보면 '돌산령터널'이 나온다. 이 터널 옆에 있는 꼬불꼬 불한 고갯길을 몇 km 오르다 보면 '도솔산지구 전투위령비'를 만날 수 있다. 원 래 이 위령비는 1981년 '도솔산지구 전적비'란 이름으로 도솔산 정상에 세워져 있었다. 그러나 도솔산이 민간인 통제구역인 관계로 1999년 6월 현 위치에 높이 3.5m 둘레 4m의 '도솔산지구 전투위령비'로 다시 만들게 되었다. 힘든 고갯길 중 턱에 적색의 낯선 조형물이 펼쳐져 있어 일견 신기하기도 하면서도 어색한 느낌 을 준다.

도솔산은 양구군 동면 팔랑리와 해안면 만대리의 경계에 있는 1,148m의 산 이자 해안분지를 둘러싼 대표적인 봉우리였다. 양구의 해안분지는 한국전쟁 중 중동부 지역의 전략적 요충지였다. 여의도 면적의 여섯 배가 넘는 해안분지의 평 지는 작전 수행을 위한 병력과 물자의 집결이 가능하였다. 또한, 이곳을 둘러싼 봉우리들은 양구를 거쳐 인제를 관통하거나 북으로 이어지는 도로를 끼고 있었 다. 이런 까닭에 도솔산은 남과 북이 서로 반드시 차지해야만 했던 요충지 중의 요충지였다.

한국전쟁사에서 도솔산 전투는 이 해안분지를 둘러싸고 앞으로 2년간 이어질 참혹한 고지전의 서막을 알린 전투였다. 도솔산 전투가 시작된 1951년 6월은 중 공군 참전 이후 전선이 교착상태에 빠져 있던 시기이자 이것을 돌파하고자 군 작 전과 전력을 정비하던 시기였다. 1951년 6월 4일, 당시 북이 차지하고 있던 도솔 산에 대한 공격 명령이 한국군 해병대 제1연대에 하달되었다. 6월 19일까지 전 투가 벌어졌고, 수많은 생명이 스러져가면서 도솔산의 24개 고지가 하나씩 '점령

도솔산지구 전투위령비(ⓒ 국가보훈처)

되었다.'

'해병대 전통의 금자탑을 이루는 5대 작전', '이승만 대통령으로부터 무적해병 휘호를 하사받은 전투'는 도솔산 전투를 설명하는 서술이다. 하지만 17일간 남북을 합쳐 4,000여 명이 넘는 희생자가 발생한 전투라는 점을 상기한다면, 이러한 서술에는 어떤 한계가 느껴진다. '위령慰靈이 없는' 위령비라고 한다면 너무한 표현일까. 우리가 기억해야 하는 것은 전쟁에서 승리한 기록만이 아니다. 고귀한 생명의 스러짐이 갖는 비극성은 결코 수치화된 '전적戰績'이나 절절한 애국심으로 환원될 수 없다. 도솔산지구 전투위령비 앞에서 내려다보이는 양구 해안분지가 그것 그대로 장엄하게만 느껴지지 않는 것은 이렇게 사라져갔으며 오늘날에도 여전히 진정한 애도가 향해지지 않고 있는 수많은 위령들이 겹쳐보이기 때문이다.

전쟁의 참상과 평화,
## 피의 능선 전투전적비

6월 초 시작된 도솔산 전투는 7월 대우산 전투를 거쳐 피의 능선 전투로 이어졌다. 뜨거운 여름날만큼이나 무덥고 참혹한 전투가 연이어 벌어졌다. 31번 국도로 계속 진입하여 내려오면 양구 월운저수지 맞은편에 '피의 능선 전투 전적비'가 있다. 한적한 저수지 앞에 전적비 표지판이 놓여 있는 모습은 생경하기만 하다.

1980년 11월에 세워진 이 전적비는 한국전쟁의 최대 격전 중 하나인 '피의 능선' 전투를 기념하기 위한 것이다. 표지판을 따라 들어가면 꽤 큰 전적비가 있다. 2m 기단基壇 위에 올라와 있는 3m 높이의 비석에는 먹물색이 세월의 흔적처럼 물들어져 있다. '피의 능선'은 양구 지역에서 벌어진 두 번째 고지전의 장소이자 영화 「태극기 휘날리며」에서 나오는 마지막 전투의 배경이 되는 장소이다.

일설에 따르면, 미군 지휘관이 "한국전 발발 후 가장 많은 포를 쏘았다"라고 회고하는 피의 능선 전투는 하루 최대 3만 발의 포탄이 떨어졌으며 이로 인해 세 봉우리 중 가장 높았던 985고지의 높이가 2m나 낮아졌다고 한다. 하지만 이러한 설명으로 전쟁의 참혹함을 그대로 담아낼 수 없다. 8월 18일 시작된 전투가 9월 5일 종료되기까지 19일간 한국군과 미군 약 4,000여 명, 인민군 약 15,000여 명

이 이 능선에서 죽거나 다쳤다. 19일 동안의 전투에서 19,000여 명의 사상자, 그러니까 하루 평균 1,000여 명이 목숨을 잃거나 크게 다쳤던 이 전투가 발생한 이유는 사실 아주 간단하였다. 이 능선을 차지해야만 '양구와 인제를 잇는 측방 도로를 확보할 수 있었기' 때문이다.

측방 도로를 확보하기 위해 "고지를 탈환하라"라는 상부의 명령이 내려졌다. 명령은 끝내 성공적으로 완수되었다. 이 것은 소설가 이병주의 표현을 빌리면, 일광日光에 물든 공식 역사다. 그러나 깊은 밤, 달빛에 물들어 내렸을 병사들의 회한, 다시 고지 저편으로 솟구쳐오르는 태양

피의 능선 전투전적비

아래 눈부시게 산화하는 죽음의 길로 들어서야 했던 젊디젊은 생명의 비공식 역사를 도대체 어떻게 해석해야 할까. 그렇기에 우리는 이 전투의 마지막 장면을 어떻게 기억할 것인지 계속해서 물어야 한다. 피의 능선 전투를 모티브로 한 「태극기 휘날리며」의 마지막 장면에서 이 전투의 흔적을 엿볼 수 있다. 폐허로 변한 고지 속에서 '피아彼我의 구분 없는' 이름 모를 수많은 뭇 생명이 초개草芥처럼 쓰러져간다. 이제 당시의 핏빛 가득한 비극의 흔적들은 자취를 감추었다. 역사적 상처와 비극은 희미해졌지만, 그것이 남긴 아픔과 슬픔, 비애는 과연 사라졌을까.

1980년 11월 세워진 비문의 마지막 구절은 다음과 같다. "피로써 되찾은 이 땅 다시는 더럽히지 말자. 그리고 소중히 간직하자." 진정으로 소중히 간직해야 할 것은 무엇일까. 그것은 단순히 국가로 귀속되는 영토만은 아닐 것이다. 무수히 사라져간 생명에 대한 애도와 이러한 일이 또다시 벌어져선 안 된다는 평화에 대한 결심이야말로 오늘 우리가 기억하고 간직해야 할 가장 뜨거운 언어일 것이다.

## 잃어버린 지명 속 공식화된 전투,
# 펀치볼지구 전투전적비

월운저수지를 지나 31번 국도에서 453번 지방도로로 접어드니 얼마 안 가서 산을 오르는 계단이 나타난다. 바로 '펀치볼지구 전투전적비'로 향하는 길이다. 이 전적비가 기념하는 펀치볼 전투는 1951년 6월 4일부터 19일까지의 '도솔산 전투', 1951년 8월 18일부터 9월 7일까지의 '피의 능선 전투' 이후 벌어진 고지전으로서, 1951년 8월 29일부터 9월 30일까지 진행되었다.

펀치볼 전투가 발발한 시기는 1951년 7월부터 시작된 정전협정이 지지부진하게 진행되고 있을 무렵이었다. 미군은 양구 해안분지의 북쪽 고지군高地群을 작

전통제선으로 설정하고, 이를 차지하기 위한 공격을 시작하였다. 미군 해병 1사단과 한국군 해병 1연대는 그중에서도 해안분지 북쪽의 1026고지, 924고지와 북동쪽의 702, 660고지 점령을 명령받았다. 당시 북쪽의 1026고지는 '모택동 고지', 924고지는 '김일성 고지'로 명명命名될 정도로 군사적으로 매우 중요한 성격을 지닌 고지였기에, 해당 점령 명령은 절대적이었다. 기록마다 상이하긴 하지만 국가보훈처 홈페이지에 따르면, 약 3주간에 걸친 이 전투의 결과를 '북측 군인 사살 3,739명, 포로 767명, 아군 전사 506명, 부상 1,602명, 실종 11명'으로 기록하고 있다.

눈에 띄는 표지판도 없이 지방도로 옆 좁은 계단 위에 세워진 이 전적비는 1958년 건립 이후 63년째 자리를 지키고 있다. "임들의 몸이 방패가 되어 우리 민족을 살렸고, 임들의 흘리신 피는 조국애의 일편단심으로 이 나라를 건졌도다"란 전적비의 구절 역시 수십년 동안 그대로 간직되고 있다. 이렇듯 '민족과 조국'은 이 전투에 참여한 이들의 숭고한 희생을 기리는 데 사용된다. 하지만 전적비의 이 웅장한 표현 아래 잠들었을 '임'이란 글자는 곧 마음 한편을 아리게 만들었다.

이 '임'들은 누군가의 아들이었고, 형제였고, 누군가의 아버지였으리라. 이들은 전쟁 기간 중 사랑하는 가족과 정겨운 고향을 떠나 낯선 양구의 어느 고지에

—
펀치볼지구 전투전적비

서 생을 마감하였다. '민족과 조국을 위해서'라는 거창한 명분보다는, 사랑하는 가족을 위해 살아남길 원하였을 이들은 결국 집으로 돌아가지 못하였다. 위훈偉勳과 공훈功勳으로 기록되는 이들의 희생은 과연 안식 속에서 평화를 누리고 있을까. 죽음에 대한 진정한 애도가 필요한 이유다.

## 마지막 고지전,
# 백석산지구 전투전적비

양구 지역에서 벌어졌던 그 참혹한 고지전도 끝을 향해가고 있었다. 양구군청에서 31번 국도를 타고 북쪽으로 오르다 보면 460번 지방도를 만나게 된다. 계속해서 가다 보면 양구의 명소 두타연 입구의 고방산 교차로를 볼 수 있는데, 교차로 오른편에 '백석산지구 전투전적비'가 있다. 입구에 방벽과 같은 느낌이 나는 검붉은 빛의 철제 구조물을 세워 두었기에 한눈에 찾을 수 있는 곳이다.

'백석산지구 전투'는 1951년 8월 하순부터 10월 하순까지 한국군 제7사단과 제8사단이 북측의 제12사단과 제32사단을 상대로 백석산 정상을 탈환하기 위해 치른 전투를 일컫는다. 약 두 달 동안 뺏고 뺏기기가 여섯 차례나 지속하는 사이에 남과 북의 사상자는 3,000여 명이나 발생하였다. 하지만 무엇보다 이 전투는 양구에서 벌어진 고지전의 마지막 전투이자 이 전투로 인해 중동부 전선이 4km 이상 북상해 휴전협정 조인 시까지 유지되다가 오늘날의 군사분계선으로 고정된 마지막 전투로 기록되고 있다.

앞서 살펴본, '펀치볼지구 전투전적비'와 마찬가지로 1958년에 세워진 '백석산지구 전투전적비'에는 다음과 같은 구절이 동판에 새겨져 있다. "이들 전 장병의 영웅적인 감투 정신을 높이 찬양하고 이 지구에서 애석하게도 호국의 신으로 산화한 장병들의 명복을 두 손 모아 빌며 자손만대에 길이 그 위훈을 전하고자 여기에 전적비를 세워 기념하노라". '영웅적인 감투 정신'과 '호국의 신'이라는 단어 사이에서 '명복冥福'이라는 단어가 왜소해 보인다.

백석산지구 전투전적비
철판으로 만든 조형물이 묘한 인상을 풍긴다.

전적비에 적힌 서사(narrative)들은 여전히 특정 관점이 주도하고 있다. 피아의 적대적인 이분법과 전공戰功에 대한 신화적 표현 속에서, 생명의 존엄성과 그 희생에 대한 진심 어린 애도, 남북의 평화에 대한 간절한 바람, 상처를 간직한 이들에 대한 진정한 치유 등에 관한 서사는 자리를 찾지 못하고 부유浮游할 뿐이다.

양구 9대 고지전이 보여주듯이 고지전은 '백석산'에서 끝나지 않았다. 양구전쟁박물관이 전시하고 있듯이 양구 지역에서 벌어졌던 9개의 고지전은 이후로도 이어졌다. 1951년 6월부터 시작하여 1952년 2월까지 이어졌던 양구 지역의 고지전은 1951년 6월 도솔산 전투에서 시작하여 대우산 전투, 피의 능선 전투, 펀치볼 전투, 백석산 전투를 거쳐 가칠봉 전투, 단장의 능선 전투, 949고지 전투, 크리스마스고지 전투로 이어졌다.

남북 모두가 고지를 차지하기 위해 피를 흘린 참혹한 전투였다. 유엔군과 공산군은 한편으로 정전회담을 하면서 다른 한편으로 병사들을 전쟁터로 몰아넣었다. 이를 두고 '휴전회담장에서는 설전舌戰이, 전선에서는 혈전血戰이 전개되었다'

라는 표현까지 있을 정도였다. 자고 나면 고지의 주인이 바뀌어 있었다. 그렇다면 우리는 기억해야 하는 것은 무엇일까? 승전에 대한 기억일까? 패전에 대한 기억일까? 아니면 무수한 청춘들을 죽음으로 몰아넣은 전쟁의 기억일까? 전쟁에서 죽음은 필연적이다. 죽음에 피彼와 아我가 있는 것이 아니다. 죽음에 이른 이들에 대한 평등한 애도, 우리들에게 여전히 허용되지 않은 그러한 태도가 시급하다. 이것은 우리들이 후손들에게 안내해야 할 지표이기도 하다.

# 고지전과 관련된 영화,
# <태극기 휘날리며>와 <고지전>

한국전쟁은 사실 1951년 7월 10일 휴전교섭 이래 진행된 소모전의 양상이 주를 이룬 특수한 전쟁이었다. 특히 한반도 중동부 지역의 산악지형은 남북이 대치하면서 지루한 소모전을 치뤘던 공간이다. 화천군, 양구군에서 다수 발생한 고지전이 이를 대표한다. 이에 따라 전쟁의 비극성과 참혹함에 대한 영화들 역시 많이 만들어졌고 화천과 양구에서 발발한 고지전을 다룬 영화도 만들어졌다. 2004년에 개봉된 〈태극기 휘날리며〉(감독 강제규)의 마지막 전투는 양구 수리봉 일대의 고지에서 벌이진 '피의 능선' 전투를 모티브로 한다. 이 영화는 19일 동안 2만 여 명의 사상자가 발생할 정도로 격렬한 전투 속에서 최종적으로 인간성을 상실하게 되는 주인공들의 비극적인 모습을 섬세하면서도 충격적으로 그리고 있다. 화천에서 발발한 '425고지 전투'는 2011년에 개봉한 〈고지전〉(감독 장훈)에서 중요하게 그려졌다. 이 영화는 특히 휴전을 앞 둔 마지막 전투에서 남북의 병사들이 자신들의 의지와 달리 희생되어야 했던 비극적 상황을 가슴 아프게 묘사하고 있다는 점에서 각광을 받았다. 화천도 그렇지만 특히 양구의 주요 전투는 이렇게 많은 병사들이 '한치의 땅이라고 더 뺏기 위해' 치러야 했던 고지전들이 주를 이루고 있다.

# 03 ___

## 뭇 생명과 함께 하는 삶,
## 양구에서 찾는 상생의 미래

| 양구수목원 – DMZ야생화분재원 – DMZ야생동물생태
  관 – 산양증식복원센터

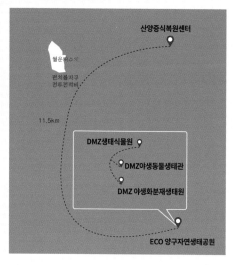

다시 생명으로, 양구수목원과 DMZ의 희귀식물들
더 많은 사람과 함께, DMZ무장애나눔숲길
자연이 만든 분재, DMZ야생화분재원
야생동물과 함께, DMZ야생동물생태관
험준 절벽의 천연기념물, 산양증식복원센터
인간과 자연, 공생의 생태계를 만들기 위한 노력

_____ 흔히 DMZ는 사람의 발길이 닿지 않아 청정한 자연이 유지되고 있는 공간으로 알려져 있다. 실제로 DMZ는 휴전 후 줄곧 민간인의 출입이 제한된 곳이었다. 그러한 조건은 전쟁 당시 막대한 화력으로 파괴됐던 자연생태계가 조금씩 회복력을 갖출 수 있는 환경을 마련해 주었다. 전쟁은 인간에게만 상처를 남긴 것이 아니었다. DMZ 권역은 한국전쟁 동안 치열한 전투가 장기간 벌어졌던 곳이고, 그만큼 생태파괴 규모는 대단했다. '생태의 보고'처럼 이미지화된 것에 반해 DMZ 일대의 임목 축적량은 한반도 이남 지역 평균의 절반을 밑돈다.

_____ 그런데도 DMZ는 여러 희귀식물과 야생동물들의 터전이 되고 있다. 군사보호지역이었던 만큼 사람의 손길에 의한 인위적인 파괴가 덜했기 때문이다. 그중에서도 양구는 다른 DMZ 접경지역보다 생태적인 자원이 많은 지역이다. 그것은 양구의 자연 지리적 조건 때문이다. 양구는 동쪽으로는 가칠봉(1,242m)·대우산(1,179m)·대암산(1,304m)이, 서쪽으로는 어은산(1,277m)·백석산(1,142m)·사명산(1,198m) 등 태백산맥의 봉우리들이 지나는 곳에 있어서 지형마저 험준하다. 게다가 북한강과 소양강 댐이 세워져 새 길이 나기 전만 해도 양구는 쉽게 오고 가기 어려운 지역의 하나였다. 하지만 그 덕에 양구는 맑고 깨끗한 자연환경을 유지할 수 있었다.

# 다시 생명으로,
# 양구수목원과 DMZ의 희귀식물들

　그와 같은 조건을 활용해서 양구에는 DMZ에 서식하는 희귀식물과 야생동물을 보호하고 보전하는 공간들이 마련되었다. 무엇보다 그곳들은 양구를 방문하는 사람들이 DMZ의 생태 현황을 직접 보고 느끼면서 자연보호에 함께 나설 수 있도록 하는 공간으로 조성되었다는 특징을 가진다. 이를 대표하는 공간이 바로 양구수목원인데, DMZ무장애나눔숲길, DMZ야생화분재생태원과 DMZ야생동물생태관을 아우르며 변화를 거듭하고 있다.

　수목원 권역은 DMZ 지역에 서식하는 희귀식물을 관찰할 수 있는 곳으로, 숲배움터, 숲키움터, 숲놀이터라는 세 가지 테마로 구성되어 있다. '숲배움터'는 말 그대로 숲의 생태를 직접 보고 체험하는 공간으로, 인근 산 경관을 직접 둘러보며 나무와 꽃들을 관찰할 수 있다. '숲키움터'는 멸종위기식물과 한국 고유식물, 이야기로

—
양구수목원 숲키움터 온실

개느삼 자생지(© 문화재청)

보는 꽃 등 DMZ를 넘어 한반도의 대표적인 식물들을 관찰할 수 있는 곳이다. '숲놀이터'는 가족 놀이공간과 공연장 등으로 꾸며져 있어 방문한 이들이 함께 즐길 수 있도록 조성되어 있다.

다양한 볼거리 중에서도 이곳에 방문한 사람이라면 주목해야 할 것이 있다. 바로 '숲배움터'에 있는 '개느삼'과 '금강초롱꽃'이다. 이 둘은 한반도에서만 뿌리를 내리고 사는 아주 독특한 식물이다. 이들이 서식하는 양구수목원 숲배움터는 야생화들의 군락인 '야생화 정원', 각종 계절 식물들이 산책로를 따라 가꿔진 '비밀의 숲', 수면 위에 설치된 데크를 걸으며 습지 야생화를 관찰할 수 있는 '습지원', 양구 대암산에 자생하는 야생화를 비슷한 환경으로 조성하여 관찰할 수 있도록 해둔 '수목원 속 대암산' 등으로 다양하게 구성된 곳이다. 이 중에서도 개느삼은 '수목원 속 대암산' 코너에, 금강초롱꽃은 '비밀의 숲' 코너에 가면 만날 수 있다.

개느삼은 한반도에서도 휴전선 너머 이북과 강원도 일부 지역에만 자생하는 희귀 식물로, 천연기념물 제372호로 지정된 멸종위기 II급 식물이다. 함경남도 북청과 평안남도 맹산군 동면 등에서 자라는 개느삼의 남쪽 한계선은 바로 양구다. 양구군 양구읍 한전리 산45번지, 동면 임당리 산148, 산149 등지가 양구의 개느삼 자생지다.

개느삼은 봄이 되면 노란 꽃을 피우는 작은 나무인데, 이를 부르는 이름은 남과 북이 서로 다르다. 『동의보감』에 따르면 이 식물은 '너삼' 또는 '고삼'이라는 약재로, 민간에서는 '느삼'으로 불렸다고 한다. 그런데 1919년 이와 비슷하게 생긴 또 다른 식물이 발견되면서 이와 구별하기 위해 '개'라는 접두사를 붙여 남쪽에서는 '개느삼'이라고 부르게 된 것이다. 하지만 북쪽은 '느삼나무'라는 명칭을 고수하고 있기에 양쪽에서 부르는 이름이 달라졌다.

금강초롱꽃(ⓒ 국립백두대간수목원)

개느삼은 남과 북 모두에서 희귀식물로 분류된다. 척박한 모래땅에서도 잘 자라는 콩과에 속하는 식물이지만, 그 키는 다 자라도 1m 남짓밖에 되지 않는다. 그래서 주변의 식물들이 자라 햇볕을 막으면 더는 살 수 없게 된다. 그러니 애써 보호하지 않으면 멸종위기에 처할 가능성이 크다. 개느삼 자생지를 지정하고 이 지역을 특별하게 관리하는 것은 바로 이 때문이다.

반면 양구군 백석산에서 자생하는 금강초롱꽃은 한반도 중북부 고산지대의 깊은 숲에서 자라는 식물로, 봄에 피는 개느삼과 달리 8월에서 9월경에 꽃을 피운다. 양구에 있는 국립DMZ자생식물원은 조사팀을 꾸려 2015년 철책선 식물 분포조사를 진행하였다. 이 조사과정에서 휴전선 주변에서 살아가고 있는 여러 금강초롱꽃이 확인되었다. 개느삼이 남과 북 양쪽에 존재하는 반면, 금강초롱꽃은 한국에서도 강원도 일부 지역에만 서식한다.

금강초롱꽃은 여름에 피는 꽃임에도 불구하고 고온에는 약한 특징 때문에 말라죽는 경우가 많다. 따라서 개느삼처럼 자생지가 따로 지정되어 보호되고 있는 것은 아니지만, 양구군은 금강초롱꽃을 양구의 대표 식물로 내세우고 이를 보호하기 위해 노력하고 있다.


## 더 많은 사람과 함께,
# DMZ무장애나눔숲길

한편 수목원에서는 인근 숲을 더 많은 사람이 공유할 수 있도록 DMZ무장애나눔숲길을 조성하였다. 무장애나눔숲길은 노약자와 장애인도 이용할 수 있도록 조성된 길로, 수목원을 에워싸고 있는 잣나무 숲속에 8° 이하의 경사도를 유지하면서 모두 1km의 길이로 만들어졌다.

양구수목원은 1,000여 종이 넘는 식물을 보유하고 있는 데다가, 외곽에는 수령 50~70년의 잣나무 숲이 울창해서 더없이 좋은 생태관찰지이자 숲 체험지다. 하지만 무장애나눔숲길과 생태탐방로를 새롭게 조성하기 전까지 수목원 탐방로의 평균 경사로는 대부분 10~20°이고, 널판같이 뜬 돌板石 등으로 포장된 상태라 장애인을 비롯한 교통약자의 통행은 거의 불가능하였다. 그러니 당연히 수목원 내부에 전시된 다양한 식생에 대해서도 이들의 접근이 쉽지 않았고 탐방 기회도 제한될 수밖에 없었다.

그런 이유에서 수목원은 누구나 신체조건에 상관없이 DMZ의 자연생태를 탐방할 수 있게 하도록 무장애나눔숲길을 조성하였다. 수목원이 이렇게 독특한 자연 지리적 환경 속에서만 어렵게 살아가는 희귀식물들이 잘 자랄 수 있는 조건을 마련하려고 애쓰는 것, 그리고 그 가치를 함께 나누고 지켜나가는 고민을 더 많은 사람과 함께 하기 위해 이동성과 접근성을 높이는 변화를 만들어낸 것은 자연, 인간, 혹은 사람과 사람이라는 서로 다른 존재들이 상생해 가는 길을 찾는 노력이라고 할 수 있다.


## 자연이 만든 분재,
# DMZ야생화분재원

수목원 권역이 고산지대의 한국 고유식물과 멸종위기식물을 만날 수 있는 곳이었다면, DMZ야생화분재원은 다양한 분재 형태로 재현된 북방계 식물과 희귀 자생식물을 만날 수 있는 곳이다. DMZ야생화분재원은 2017년 8월 개관하여 양구수목원의 새로운 구성원이 되었다. 2004년 생태식물원에서 시작한 양구수목원은 점차 확장되고 있을 뿐 아니라 DMZ와 한반도의 자연생태를 다종多種, 다양하게 지켜나

—
분재원(ⓒ양구수목원)

가기 위한 노력을 지속하고 있다.

　대암산 해발 500m에 위치하는 이곳 분재원은 분재의 방식을 통해 DMZ 식물들을 보존하고 증식하고 있다. 청정생태 지역에서나 서식할 야생화들이 공들여 꾸며진 분재 형태로 보존된다는 것은 아이러니하게 비쳐질 수도 있다. 그러나 이곳의 분재는 자연 그대로의 모습을 재현하는 방식으로 만들어지며, 이를 통해 희귀 자생식물의 생장 조건을 적격화하고 있다.

　DMZ야생화분재원은 1만 905㎡ 면적 부지에 유락저流樂貯, 유람정遊覽停, 해암정解巖庭, 선비천仙飛泉, 소분지消憤知로 구성되어 있다. 그중 해암정은 전국의 다양한 분재를 관람할 수 있는 곳으로, 이곳의 유일한 실내 분재원이다. 나머지 공간들은 야외 분재원으로 조성되어 있다.

　유락저에는 야트막한 계곡을 조성해 수변 식물과 괴석 식물의 분재를 전시하고 있고, 선비천 역시 계곡과 어우러진 암석원과 음지식물을 관람할 수 있게 하였다.

소분지에는 재배한 희귀 자생식물과 분재를 전시하였다. 유람정으로 가면 이곳 야외 분재원 시설을 한눈에 관람할 수 있다.

한편 야외 분재원 곳곳에는 각 테마별로 꾸민 분재만 있는 것이 아니라 무명용사의 넋을 기리는 상징물들도 설치해두고 있다. 철조망과 철모로 꾸며진 분재원 공간은 아직 마침표를 찍지 못한 전쟁의 상흔을 새삼 떠올리게 한다. 양구수목원은 이처럼 희귀식물, 희귀동물들과 인간이 함께 살아가기 위해 고민하고, 이를 알리는 공간이다.

하지만 아직도 보호되지 못하는 동식물들이 있기에 더 많은 노력이 필요하다. 까다로운 자생조건이 필수적인 희귀식물들은 이곳 양구수목원에서 새로운 재생의 기회를 맞이하고 있다. 서로에게 총부리를 겨누고 있는 DMZ 접경지역에서 만나는 수목원은 과거의 잘못을 성찰하고 나아가려는 우리 자신의 치유와 화해를 보여주는 상징인지도 모른다.

## 야생동물과 함께,
# DMZ야생동물생태관

양구수목원에서 DMZ에 서식하는 식물들을 만나는 공간이 수목원과 DMZ야생화분재원이었다면, 동물들을 만날 수 있는 곳은 바로 DMZ야생동물생태관이다. 그런데 이곳은 단순히 DMZ에 서식 중인 야생동물의 식생 현황을 알리기 위한 목적으로만 조성된 게 아니다.

이곳은 사실 DMZ 인근 지역에서 차에 치여 죽은 야생동물의 서식 현황을 기록하고, 박제를 만들면서 모습을 갖추게 되었다. 산업화가 초래한 생태환경의 인위적인 변화와 파괴에 대한 반성에서 시작된 셈이다.

DMZ야생동물생태관

DMZ야생동물생태관 내부전시

　　물론 DMZ야생동물생태관에는 기본적으로는 이곳을 방문하는 사람들이 양구와 DMZ에 사는 동물들의 서식 환경을 알 수 있도록 동물 모형이나 박제를 전시한 공간이 마련되어 있다. 동시에 이곳은 양구와 DMZ에 서식하고 있는 동물자원의 기록과 보존이라는 목표를 수행하기 위한 활동들 역시 다양하게 이어나가고 있다.

　　그중 하나가 바로 DMZ생태아카데미 사업이다. 이런 사업들을 통해서 야생동물생태관은 단순 전시시설에 머물지 않고, 자연과 인간의 공존 가능성을 모색하는 주목할 만한 장소로 거듭나고 있다. 대표적인 예로 이곳을 방문하는 이들에게 자연의 중요성을 환기하고, DMZ야생동물에 관심을 두게 하는 환경교육을 꼽을 수 있다.

인간이 스스로 파괴한 자연생태계를 다시 살려내고 지켜가기 위한 노력이 시작된 역사는 170여 년 남짓 되었다. 18세기 후반부터 산업혁명에 따른 자연 파괴가 심화하자, 독일, 스위스, 영국 등에서 자연보호 문제가 본격적으로 거론되었다. 이에 따라 독일에서는 동물보호협회가 1839년에 설립되었고, 미국에서는 1892년 세계 최초로 서부의 옐로스톤 지역을 국립공원으로 지정하였다.

20세기 초에 접어들면서 독일의 천연기념물보호법(1902) 등을 비롯한 자연보호 법률들이 유럽 각지에서 제정되기 시작하였다. 이런 흐름이 지속되면서 1948년에는 전 세계 자원 및 자연보호를 위한 국제기구로 세계자연보전연맹(IUCN, International Union for Conservation of Nature)이 설립되었다.

세계자연보전연맹에서 중요하게 하는 업무 중 하나는 바로 '레드 리스트(red list)' 작성이다. 레드 리스트는 2~5년마다 발표하는 '멸종위기에 처한 동식물 보고서'를 말한다. 이 보고서는 지구상의 희귀동식물의 실태를 등급에 따라 나누어 설명해 주고 있다. 우리나라에서 환경보호를 촉구하는 자연보호헌장이 선포된 것은 1998년의 일이다. 비록 조금 늦은 감은 있지만 이후 우리나라에서도 자연생태계 보호를 위한 다양한 활동과 노력이 이어지고 있다.

## 험준 절벽의 천연기념물,
# 산양증식복원센터

양구군은 지리적으로 한반도의 정중앙을 나타내는, 우리 신체로 말한다면 '배꼽'에 해당하는 곳에 자리한 지역이다. 동쪽으로는 인제, 서쪽으로는 화천과 맞닿아 있으며, 백석산, 대우산, 가칠봉을 잇는 산들이 줄지어 있어서 야생동물이 살아가는

데 최적의 환경을 갖춘 곳이다. 대표적인 종에는 산양, 삵, 담비, 수리부엉이, 황조롱이 등이 있다.

야생동물 중에서도 양구에서 특화하여 보호와 보존에 힘쓰고 있는 것은 바로 멸종위기 Ⅰ급이자, 천연기념물인 산양이다. 산양증식복원센터는 DMZ야생동물생태관과는 별도로 조성되어 산양의 구조와 증식, 자연으로 다시 돌려보내는 재방사를 위해 운영하고 있는 곳이다.

이곳 산양증식복원센터는 산양보호구역 면적 19만 8,003㎡를 포함해서 산양방사장과 치료센터, 구조산양회복실, 수상계류장, 조류장 등을 고루 갖추고 있는 산양 전문 보호공간이라고 할 수 있다. 2007년 개장한 산양보호센터는 첫 개장과 동시에 여덟 마리의 산양을 들어와 살게 하였고, 지금은 산양과 더불어 천연기념물 제324호인 수리부엉이와 고라니 등의 야생동물 사육과 보호에도 힘쓰고 있다.

산양은 1950년대까지만 해도 우리나라의 설악산, 오대산, 태백산, 금강산 북부 고지대 등에서 흔히 볼 수 있는 야생동물이었다. 산양은 보통 눈이 많이 내리는 겨울에는 낮은 지대로 내려오는데, 사람들이 약재, 식량, 모피 등을 목적으로 마구잡이로 산양을 포획하는 바람에 지금은 멸종위기 Ⅰ급 종에 이르게 되었다. 세계자연보전연맹(IUCN)에서도 산양을 취약종으로 등재하고 있다.

기록에 따르면, 1950~60년대에 강원도 지역에 폭설이 내려 먹이가 부족해진 산양이 민가로 내려왔다. 그런데 주민들이 약 6,000여 마리의 산양을 잡아 식용 또는 한약재로 사용했다고 한다. 하지만 소 잃고 외양간 고치는 격으로, 지금은 멸종위기에 이른 산양의 증식을 위해 갖은 노력을 다하고 있다. 천연기념물 제217호이자 멸종위기 Ⅰ급인 산양이 생태계 파괴와 밀렵 등으로 멸종위기에 처하자, 양구군에서는 산양의 보호와 개체 수 확대를 위해 자연 암벽지대를 산양 보호구역으로 지정하여 산양증식복원센터를 조성하였다. 산양의 생물종 다양성의 의미와 중요성을 깨달은 것이다.

산양은 2백만 년 전의 모습을 거의 그대로 유지하고 있어 '살아있는 화석'이라고도 불리는 동물이다. 실제로 보면 양보다는 소와 많이 닮았지만, 다 성장해도 어깨높이가 1m에 이르지 않아 송아지 정도의 덩치를 유지한다. 해발 1,000~1,500m 정도에 절벽이 많은 산지에 주로 서식하는 산양은, 한국에서는 양구, 인제, 화천 등 DMZ 인근의 높고 험한 산악지대에 분포한다. 전 지구상에서는 히말라야−중국−한반도−러시아 연해주 일대에서 서식한다.

현재 산양증식복원센터에서는 희귀동물인 산양의 복원기술 개발과 산양의 유전자원 보호, 증식기술 확보 및 야생동물 생장모델 등을 추진하고 있다. 또한 강원대학교와의 연구 및 기술지원 MOU 협약을 통해 유전자 분석을 하는 한편, 학술대회를 개최해 산양과 관련된 지식정보를 공유하고 체계화하는 데 앞장서고 있다. 나아가 '고랄 레인저(goral ranger)' 교육을 통해 민간전문가 양성에도 노력을 기울이고 있다.

양구 산양증식복원센터에서 돌보는 산양

고랄 레인저는 산양의 영문 명칭인 'goral'과 야생동물 보호 및 보존 과업 수행전문가를 이르는 'ranger'의 합성어로 산양 보호 및 보존 민간전문가를 지칭하는 말이다. 산양이 천연기념물로 지정된 지 50여 년이 지나는 동안, 산양은 여전히 멸종위기 상태에 놓여 있었다. 멸종위기 상태를 개선하기 위해서는 무엇보다 국가 주도의 야생동물 보호·보존을 넘어서야 한다는 문제의식이 확산하였으며, 이러한 문제의식 속에서 야생동물을 보호·보존하는 민간전문가 양성 필요성이 제기되었다. 야생동물 보호에 관심이 있는 일반인들을 대상으로 한 직무 교육을 통해 산양 보호활동 전문가를 양성하고 있는 현실은 역설적이다. 그만큼 현재 산양은 인위적 도움 없이는 살아남기 어려울 정도로 절멸 위기에 처해 있다는 뜻이다.

산양의 보전과 보호를 위해서는 인위적인 밀렵이나 로드킬 등을 줄이는 활동뿐만 아니라 특히 겨울철에 발생할 수 있는 아사와 탈진 방지를 위한 먹이 공급 활동을 지속해서 펼쳐나가야 한다. 산양증식보호센터에서는 센터에서 구조해서 보호한 산양들을 단순 증식하는 데 그치지 않고, 다시 야생으로 돌려보내 자체 증식할 수 있도록 다양한 방법을 찾고 있다. 산양의 야생성 퇴화를 막고 자연 적응력을 높여주기 위해서 자연 서식지와 흡사한 서식 환경을 조성하고 일정 동안은 그 서식지에서 사람과의 접촉을 차단하여 스스로 먹이를 찾을 수 있는 훈련을 시키는 것도 그런 방법의 하나다.

## 인간과 자연,
# 공생의 생태계를 만들기 위한 노력

양구에서 진행하고 있는 DMZ 일원의 생태 보호와 보전을 위한 노력은 과연 자연과 인간이 서로 호흡하며 함께 공생의 길을 찾아갈 수 있을지에 대한 고민을 던

져준다. DMZ라는 냉전이 만들어 낸 또 하나의 생태계는 민간인의 발길을 막아 공해를 줄이고 자연 간섭을 최소화 하였지만, 한편으로는 전쟁 당시 진행된 광범위한 자연 파괴와 이후 반복적인 군사적 목적의 파괴와 개입으로 인간과 동식물 모두를 위협하고 있는 것도 사실이다.

현재 양구에서는 이 아이러니한 DMZ의 생태를 인간의 힘으로 다시 회복하고 또 사람들에게 경각심을 줄 수 있는 노력이 함께 이어지고 있다. 양구의 이런 실험들은 자연과 인간이 서로 의지해 공생의 생태계로 변모해 나갈 수 있을지 점칠 수 있는 중요한 척도가 될 것이기에 이 작업은 좀더 들여다볼 필요가 있다. 분단이 만들어낸 '전쟁' 폭력으로 인해 '파괴'된 자연생태와, 적대적인 군사적 대립으로 인해 '위협'받고 있는 남북의 인간 문제를 '공생의 생태계'로 전환할 것을 환기하고 주문하는 의미도 내포되어 있기 때문이다.

# 식민의 역사가 남긴 금강초롱꽃의 학명

금강초롱꽃은 세계에서 유일하게 한반도에서만 자라는 우리나라 자생식물이다. 한반도 중부 및 북부의 고산지대 깊은 숲에서 자라는 여러살이해 식물인데, 이들은 반그늘 혹은 양지쪽의 바위틈이나 계곡의 물이 많고 습도가 높은 곳에서 서식한다.

금강초롱꽃은 여름 무렵 청사초롱을 닮은 분홍빛 꽃을 피운다. 흰색에서부터 옅은 분홍색, 보라색에 이르기까지 꽃 색깔은 생육지에 따라서 다채롭게 나타난다. 하트모양의 꽃잎은 통꽃이며 아래를 향하고, 꽃받침은 5개로 갈라져 달린다. 금강초롱꽃은 다 자란 키가 어른의 종아리에서부터 허벅지까지 이른다. 특산식물이므로 재배와 판매가 금지되어 있으며, 자생지 조건인 습도와 햇볕의 양을 잘 맞춰 준다고 해도 이 식물은 여름의 고온에 약해서 말라죽기 쉬운 희귀종이다.

그러나 한반도 바깥 어디에서도 만날 수 없는 이 특이한 꽃의 이름, 국제학계에 등록된 학명에는 그러한 특징이 전혀 반영되어 있지 않다. 여기에는 일제 강점의 역사가 연결되어 있다. 금강초롱꽃 속은 일본의 한 식물학자가 1902년 금강산에서 최초로 채집한 것을, 우리나라 식물을 주로 연구했던 일본 식물학자인 나카이 다케노신中井猛之進이 1909년에 발표하고, 2년 뒤인 1911년에 새로운 속으로 명명, 이를 국제학계에 알렸다. 나카이는 조선총독부의 절대적인 지원으로 군부대를 동원하여 한반도의 산과 들을 헤집고 다녔다. 금강초롱꽃도 이때 처음으로 '학문적 발견'의 대상이 된 것이다.

나카이는 유일하게 한반도에서만 자라는 금강초롱꽃 속 식물의 속명을 '하나부사야'로 명명했다. 당시 나카이가 자신의 후원자인 하나부사 요시모토를 기리기 위해 그 이름으로 국제학계에 보고했기 때문이다. 국제학계에 금강초롱꽃은 서식지도 'koreana'가 아닌 'asiatica'로 기재되었다. 그런 이유로 꽃의 학명만 봐서는 금강초롱꽃이 한국에서만 자라는 식물이라는 것을 알 수 없다. 아름다운 금강초롱꽃의 이름에도 이렇게 일본 식민 잔재가 걷히지 않고 드리워 있는 셈이다.

# 04

## 한반도의 배꼽 양구는 언제쯤 '금강산 가는 길'의 상징이 될까

| 국토정중앙 휘모리탑 – 국토정중앙천문대 – 전기필불
망비 – 한반도 섬 – 양구중앙시장 – 양구 해시계

한반도의 중심, 국토정중앙휘모리탑
한반도 정중앙의 밤하늘, 국토정중앙천문대
따뜻한 마음의 기억, 전기필 불망비
통일의 미래를 꿈꾼다, 한반도 섬
양구의 일상과 사람들, 양구중앙시장
양구의 상징과 기억들, 양구 해시계 그리고 금강산 가는 길

_____ 고대 그리스인들은 그리스를 지구의 중심이라고 생각했다. 델포이에 있는 아폴론 신전의 지하에는 지금은 델포이박물관으로 옮겨진 '대지의 배꼽', 옴파로스(Omphalos)가 있었다. 이때 배꼽은 어딘가의 정중앙이라는 위치뿐만 아니라 생명, 자연, 상생을 상징한다. 배꼽이 갖는 이런 이미지는 그리스인들만 가졌던 것은 아니었다.

_____ 잉카 제국의 마지막 수도인 쿠스코(Cuzco, Cusco) 역시 케추아어로 '배꼽'을 의미한다. 15~16세기를 살았던 잉카인들도 쿠스코가 세상의 중심이라고 믿었다. 남아 있는 그 이름들을 통해 우리는 그들이 스스로 세계의 중심에 서고 싶어 했다는 것을 알 수 있다. 고대 그리스인들이 특별해 보이지도 않는 돌에 '세계의 중심'이라는 의미를 부여했던 이유까지 말이다.

_____ 한반도의 중앙, 지금은 휴전선을 머리에 이고 있는 접경지역 강원도 양구에도 그런 곳이 있다. 대한민국에는 국토의 '중앙'이라는 정체성을 내세우는 지역이 몇 곳 있다. 충청북도 괴산군 청천면 이평리는 2005년 한국지구과학학회에서 '남쪽' 지역의 지리적 중심지로 발표된 적이 있다. 이에 반해 강원도 양구군은 한반도의 '정중앙', '배꼽'이라는 의미를 내세우고 있다.

# 한반도의 중심,
# 국토정중앙휘모리탑

흔히 휴전선으로 한반도의 허리가 잘렸다는 표현을 사용한다. 양구가 자신을 '한반도의 배꼽'이라고 칭하는 이유는 바로 이곳에 한반도의 중앙위선과 중앙경선의 교차점이 위치하기 때문이다. 두 개의 보이지 않는 선이 교차하는 그곳은 국토정중앙점으로 불린다.

정중앙점은 양구군 남면 도촌리 일대에 있다. 양구군의 동남쪽, 인제군과 경계가 맞닿아 있는 소담한 길을 따라가면 '한반도의 배꼽'을 만날 수 있다. 가파르지 않은 산길을 따라 올라가면 국토 정중앙점에 휘모리탑이 서 있는 것이 보인다. 탁 트인 경치는 아니지만, 솔가지 사이로 완만한 산등성이가 보이고 그 아래로 펼쳐진 논들이 휘모리탑과 어울려 소박하고 고요한 정취를 만들어내고 있다.

국토정중앙휘모리탑

국토정중앙휘모리탑에서 바라본 노을

　　그에 비해 휘모리탑은 마치 이곳이 주변의 작은 바람을 하나로 빨아들여 한반도에 바람을 불러일으키는 중심지라도 되는 것처럼, 하늘로 치솟아 오르는 나선형을 이루고 있다. 또 사방에서 휘모리탑을 지키는 호랑이상들은, 이곳이 바로 포효하는 호랑이 형상을 가진 한반도의 중심이라는 것을 드러낸다.

　　국토 정중앙점은 동쪽으로는 울릉도 동단, 서쪽으로는 평안북도 용천군 마안도 서단, 남쪽으로는 남제주군 마라도 남단, 북쪽으로는 함경북도 온성군 유포 북단을 기준으로 하여 측정됐다. 한반도 동서남북의 각 극점을 기준으로 한 정중앙이 바로 이곳 양구라는 것이다.

　　그렇지만 양구는 남쪽에서는 더는 '올라갈 수 없는' DMZ 접경지역이다. DMZ 접경지역은 남과 북이 서로 오갈 수 없는 삼엄한 경계의 지대다. 그리고 막강한 화력을 상시 준비하는 군부대가 주둔하고 있어, 남북분단의 현실을 여실히 체감할 수 있는 공간이기도 하다. 우리는 이렇게 분단된 채로, 70여 년의 시간을 살아왔다.

한반도 정중앙의 밤하늘,
# 국토정중앙천문대

남북분단이 만들어 낸 경계선은 일반적인 국가 사이에 존재하는 국경과는 의미가 다르다. 국경선은 신분 확인과 통행 허가 등의 정해진 절차를 거치면 왕래가 가능한 경계선이다. 그러나 남과 북은 일반적으로 정해진 절차에 따라 서로의 경계를 넘어갈 수 없다. 그럼에도 우리는 넘어갈 수 없는 저편의 대지를 '우리의 국토'로 규정하고 있다. 이런 의미에서 어쩌면 정중앙점은 그 자체로 분단의 현실을 상징적으로 드러내는지도 모른다.

또한 이것은 동시에 '대한민국'만의 지리적 중앙점에 대한 인식을 '한반도'의 지리적 중앙점으로 확장해주는 계기가 되기도 한다. 접경지역에 놓인 중앙점이 분단

국토정중앙천문대에서 본 별 궤적(© 양구군청 양구올구양)

의 지속이 아닌 미래 통일로 시야를 확장하여주고, 남북협력의 과제를 계속 상기하기 때문이다.

국토 정중앙점에서 약 900m 떨어진 곳에는 국토정중앙천문대가 자리하고 있다. 다른 천문대와 달리 산 정상이 아닌 산 중턱에 위치한 게 특징이다. 접근성을 고려한 것으로 풀이된다. 천문대 마당으로 들어서면 국토 정중앙점이 표시된 한반도 모양의 잔디광장을 만난다. 양구는 2007년에 정중앙점의 의미를 새기기 위해 이 천문대를 세웠다. 한반도의 정중앙에서 하늘을 바라보고, 별을 볼 수 있는 공간을 만든 것이다.

주간에 한 번, 야간에 두 번 진행되는 관측프로그램은 물론 디지털 가상 밤하늘을 볼 수 있는 천체영실이나 천문정보를 익힐 수 있는 전시실 덕에 이곳 천문대는 많은 방문객이 오고 간다. 주관측실의 원형 돔이 하늘을 향해 열리면, 800mm 구경口徑을 자랑하는 국토정중앙천문대의 주망원경이 방문객들을 별들의 세계로 인도한다.

한반도의 정중앙에 있었지만 분단된 한반도의 경계 지역이 되어버린 이곳 양구의 공기는 무척 청정하다. 요즘처럼 맑은 하늘을 보기 어려울 때, 이곳에서는 첨단 장비를 통해 하늘과 우주, 별들이 들려주는 음악소리를 만날 수 있다. 분단이라는 특수성이 양구에 남겨준 선물이다.

땅에 남아 있는 인공적 경계는 망원경을 통해 보이는 우주의 세계에는 존재하지 않는다. 다만 쉬지 않고 자전과 공전을 하는 지구 덕에 땅에 서 있는 우리는 날마다 다른 자리로 옮겨가는 별들을 관찰하면서, 그들이 우리에게 전해주는 밀어들을 만날 뿐이다.

# 따뜻한 마음의 기억,
## 전기필 불망비

정중앙을 표방하는 양구지만 이 땅을 살던 이들의 삶은 결코 순탄할 수 없었다. 어려운 삶 속에서 누군가에게 도움을 받은 기억은 쉽게 사라지지 않는다. 양구에는 '불망비不忘碑', 어떤 일이나 사람을 잊지 않겠다는 뜻을 기리고자 만든 비석이 있다. 얼핏 지나치면 그곳에 있는지도 모를 정도로 한적한 가오작 1리에 있는 전기필 불망비는 절대로 잊지 않겠다는 마음이 담긴 비석이다.

비석의 주인공 전기필全箕弼(1796~1852)은 조선 후기 사람으로 당시 이 지역 인근에서는 큰 부자였다고 한다. 1665년(현종 6년), 흉년으로 기근이 심하여 지역 주민들이 끼니를 잇지 못하는 일이 벌어졌다. 이때 전기필은 자신이 가진 곡식을 구휼미로 나누어주며 굶어 죽을 위기에 처한 이들에게 도움의 손길을 내밀었다.

그의 선행으로 가오작리는 흉년을 무사히 넘길 수 있었고 이 사실은 조정에까지 전해지게 되었다. 1840년, 주민들은 전기필의 공덕을 기리고 잊지 말자는 의미에서 이 비석을 세웠다고 한다. 비석이 있는 곳에 세워진 자그마한 비각은 전기필의 후손이자 목공인 전승한 씨가 1942년에 세운 것이다.

전기필 불망비
민초들의 애환과 환대가 엿보인다.

어떤 우연이었지, 혹은 사연이 있었는지는 모르겠으나 양구 곳곳이 전선戰線이었던 한국전쟁기에도 이 비각은 소실되지 않았다. 그 덕분에 오래전 선행을 베푼 전기필의 마음과 또 그를 잊지 않기 위해 돌에 마음을 새긴 주민들의 마음이 후대에까지 전해질 수 있었다. 화려함이라고는 찾아볼 수 없는 장소이지만 길가에서 만나 알게 된 이 비석과 그에 얽힌 사연에 마음이 가는 것은 거기에 인정人情이 있기 때문이 아닐까.

## 통일의 미래를 꿈꾼다,
# 한반도 섬

전기필 불망비에서 파로호 쪽으로 가면 아주 독특한 곳을 만난다. 양구가 한반도의 중심임을 강조하기 위해 만든 또 다른 공간, '한반도 섬'이다. 양구 고대리 일대로 가면 커다란 습지 한가운데 인공으로 만들어진 섬인 한반도 섬이 보인다. 한반도 섬 주위는 그야말로 사람의 손을 타지 않은 곳이 없는 '인공人工'의 공간이다.

한반도 섬이 만들어진 곳은 '파로호 인공습지'라는 이름이 붙여져 있다. 파로호破虜湖는 한국전쟁 당시 중국군을 무찌르고 오랑캐를 격멸했다는 의미가 담겨 있다. 화천댐이 조성되면서 만들어진 인공호수의 원래 이름은 화천호였으나 전쟁을 거치면서 파로호로 바뀐 것이다.

휴전선을 기준으로 남쪽 지역 최북단에 있는 파로호의 상류는 1980년대에 '평화의 댐'이 건설되면서 물이 빠지기 시작했다. 그러면서 이 땅도 허허벌판으로 변했다. 그렇게 벌거벗은, 나대지裸垈地가 돼버린 이곳을 인근 주민들이 무단경작했고 이로 인한 수질 오염과 피해가 심하여졌다. 이 문제를 해결하기 위한 대책으로 제안된 것이 인공습지였다. 그렇게 조성된 습지에 추가로 만든 것이 바로 한반도 섬이다.

자연 상태에서 만들어진 습지 생태계는 '자연의 정화조' 역할을 함으로써 어떤 생태계보다 뛰어난 생산성과 순환성을 가진다. 인공습지는 이러한 자연습지의 원래

—
한반도 섬 항공사진(© 양구군청 양구올구양)

역할을 모방하여 만들어졌다. 그래서 이곳 습지에 서식하는 식물 군락과 미생물들을 위하여 식생 환경을 인공적으로 조성하였다. 물속에 있는 유기물질과 화학물질은 습지에서 살아가는 미생물에 의해 분해되고, 물은 자연스럽게 정화된다. 한반도 섬이 위치한 파로호 인공습지의 경우, 양구서천과 한전천이 합류하는 하류부에서 저류보貯留洑를 통해 물이 들어오는 습지 환경을 만들었다.

한반도 섬의 입구부터 본섬까지는 기다랗게 뻗어 있는 나무 데크 길이 있다. 데크를 따라 걸으면 이곳에 조성된 다양한 습지 생태계의 모습을 한눈에 볼 수 있다. 습지 전체에 언제나 물이 들어차 있는 것은 아니기 때문에, 계절과 강우량에 따라 각기 다른 생태환경을 관찰할 수 있다. 나무 데크가 끝나는 지점에는 한반도 각 지역을 대표하는 이름난 산과 상징물들, 그리고 산책로가 만들어져 있다. 양구가 한반도의 정중앙이라는 점을 다시 한번 보여주고 싶은 의도일까. 자연생태의 복원과 수질 정화를 위해 기획된 공간이지만, 한반도 섬에는 제주도뿐만 아니라 독도와 울릉도까지 모형으로 조성돼 있고, 8도를 상징하는 조형물이 들어서 있다.

하지만 이곳이 한반도 모양을 한 섬이라는 것을 조망하기 위해서는 인공습지 전체가 내려다보이는 인근 산 중턱 전망대로 올라가야만 한다. 짚라인(Zipline) 출발점이나 전망대에 올라서면, 그때야 왜 이곳이 '한반도 섬'인지 이해할 수 있게 된다.

그런데 한반도 섬 안에 있는 '양구소한민국'이라는 글자가 새겨진 커다란 표지석에서 눈이 잠시 멈췄다. '양구소한민국'은 한반도 남쪽만을 의미할 뿐이지 않은가. 이곳이 한반도 섬이라면 차라리 '양구소한반도'라고 표현하는 것이 더 어울리지 않았을까.

분단이 남긴 우리의 인식체계는 한반도 전체의 평화를 그리워하면서도 여전히 남쪽 국가 중심으로만 한반도를 이해하게 만든다. 한반도 본섬에 전시된 퇴역 무기들은 이를 상징적으로 보여준다. 그래서 양구는 '적대적 대립의 땅'이면서 동시에 '통일된 한반도의 정중앙'이라는 이율배반 속에 존재한다.


양구의 일상과 사람들,
# 양구중앙시장

양구에 대한 오랜 이미지는 '첩첩산중 산골의 오지'였다. 그래서 지난날 사람이 북적거리고, 물자 교류가 활발했던 양구에 대해 아는 사람들은 많지 않다. 북한강의 시작점인 양구는 사실 조선 시대와 일제강점기 때 수운水運의 중심지 역할을 하던 곳이었다.

중부 내륙에서 모인 특산품은 이곳에 집산되었고, 상품을 실은 배가 중간에 양평에서 쉬었다가 마포에서 짐을 내리고, 다시 종착지인 김포로 나갔다. 이 고장은 그렇게 물자가 모이고 거래가 활발히 이뤄지는 곳이어서 많은 시장이 자연스럽게 형성되었다.

양구중앙시장의 오일장(ⓒ 양구군청 양구올구양)

또한, 양구는 과거에도 청정지역으로 이름나, 각종 특산물과 한약재들이 생산되던 곳이다. 특히 조선 중종 때인 1530년에 편찬된 『신증동국여지승람新增東國輿地勝覽』에서는 양구의 특산물로 방산면의 고령토로 만든 자기와 더불어 잣, 오미자, 인삼 등을 소개하고 있다.

이들 특산물은 북한강 물줄기를 타고 내려와 남한강을 거쳐 서울의 용산으로 모였다. 양구시장에 대한 최초의 기록은 18세기 문헌인 『동국문헌비고東國文獻備考』에 남아 있는데, 1770년쯤에 양구읍 내 오일장이 처음 생겼으며 1920년대에는 시장이 일곱 개나 들어섰다고 기록되어 있다.

하지만 역사기록에 담긴 양구의 모습과 오늘날 양구의 모습은 사뭇 다르다. 장터에 모인 사람들로 북적거리던 곳이 지금은 강원도 지자체 중에서 인구가 가장 적은 곳이 되었다. 특산물도 과거와는 달라져 현재 양구를 대표하는 것은 봄의 곰취, 그리고 겨울의 시래기다.

과거 수운의 중심지로서 활발했던 시장의 모습은 찾아보기 어렵지만, 양구중앙시장에는 지금도 매월 5일과 10일에 장이 선다. 수운 교통의 중심지 역할을 하던 양구의 시장은 분단과 전쟁이 일어나지 않았더라도 이렇게 쇠락하였을까. 다소 쓸쓸해 보이기까지 하는 중앙시장의 차분한 저녁 무렵은 분단과 전쟁이 양구에 남긴 상처처럼 보이기도 한다. 물론 항상 시끌벅적한 것은 아니지만, 시장의 차분한 풍경은 접경지역으로서 가질 수밖에 없는 정체성 속에서도 청정한 자연환경에 자부심을 품고 살아가는 오늘날 양구사람들의 정서를 대변하는 것 같다.

## 양구의 상징과 기억들,
# 양구 해시계 그리고 금강산 가는 길

양구중앙시장 상점들 사이를 관통하는 '걷고 싶은 거리' 가운데엔 이색적인 조형물이 설치돼 있다. '세계에서 가장 비싸고 큰 해시계'로 기네스북에 등재되어 있다는 해시계가 그것이다. 이 해시계는 10여 톤의 청동으로 만든 받침다리가 지름 4m, 높이 2m의 반구를 떠받치고 있다.

—
양구의 해시계

이 조형물 역시 양구주민들이 양구가 '한반도의 배꼽'으로 기억되기를 바라는 마음에서 기획했을 것이다. 신생아의 탯줄이 떨어져 나가고 남은 흉터 부위를 이르는 '배꼽'은 신체의 중심이라고 할 수 있으니, 태양의 양기를 가득 받아 시간을 측정하는 해시계는 한반도의 중심을 꿈꾸는 양구에게 미래지향적 상징이었을 것이다. 양구가 접경지역으로서 계속 외지고 낙후된 곳으로 머무르는 것이 아니라, 전쟁과 분단의 상처를 딛고 비상하길 원하는 고장 사람들의 소망이 만들어낸 것이리라.

그렇지만 이 거대한 해시계를 올려다보는 것은 그리 유쾌하지만은 않았다. 순금 3.75kg이 들어간 해시계를 보자면, 한반도의 중앙에 대한 상징적 지위를 갖고 싶은 양구의 고민이 엿보이면서도 다른 한편으로는 씁쓸함 뒤로 헛웃음이 들었던 것도 사실이다. 언론에서 보도하듯이 '예산 낭비' 문제를 차치하더라도 거대한 해시계와 한적한 시장길은 썩 어울리지 않는 풍경이었다.

현재 양구는 '한반도의 배꼽'으로 상징화되고 있지만, 이전에 '양구'라는 지명은 다른 의미가 있다. '양구'라는 이름과 관련해 전해지는 이야기가 있다. 조선 선조 때 새로 부임한 강원도 감사가 시찰차 금강산으로 가는 길이었다. 감사는 양구 땅에 이르러 버드나무 잎이 흐드러지게 늘어서 있는 장관을 보게 되었다. 그가 '버드나무가 즐비한 입구楊口'라고 부른 데에서 양구 지명이 유래했다고 한다. 이야기에 나오는 것처럼 양구는 한양에서 동서를 가로질러 금강산으로 가는 길목에 있다. 양구를 지나는 큰 도로 교차로에 우뚝 세워진 금강산 가는 길 표지석은 바로 이와 같은 인문지리적 특성을 보여준다.

오랜 역사 동안 절경으로 많은 사랑을 받고, 여러 예술 작품으로 기록된 금강산 가는 길은 DMZ 접경지역에 속한 강원도 곳곳에서 만날 수 있다. 이곳 양구의 금강산 가는 길 표지석은 7m가 넘는 크기의 화강암 자연석으로, 표지석에서부터 내금강 장안사까지의 거리가 52km임을 알리기 위해 1996년에 세워졌다. 남북교류가 시작되면서 이뤄진 과거의 '금강산관광' 사업은 남북의 상호이해와 협력을 위한 중

금강산 가는 길
표지석의 측면은 양구가 교통로임을 잘 보여준다.

요한 이정표였다. 한반도에서 가장 수려하기로 이름난 금강산은 분단 이후 남쪽에서 갈 수 없는 곳이 되면서 남북통합에 대한 희망을 상징하는 곳이 되었다.

금강산은 남과 북으로 갈라진 이산가족이 만나는 상징적 장소이며, 그리움과 통일에 대한 염원이라는 상징적 의미도 갖게 되었다. 그리스의 옴파로스도 지금 보면 볼품없이 생긴 돌덩이에 지나지 않지만, 사람들은 그것을 '세계의 배꼽'이라 부르며, 주체적 사유의 상징으로 이해한다. 금강산 가는 길 표지석도 언젠가는 '한반도의 배꼽'으로서 통일에 대한 희망을 포기하지 않았던 양구의 상징이 될지도 모른다.

『동의보감東醫寶鑑』에서는 탯줄이 태아와 모체를 이어주며 태아에게 지속해서 생명 에너지를 제공하기 때문에 탯줄을 태아 생명의 근원으로 묘사하였다. 양구의 '양楊', 즉 버드나무가 탯줄처럼 봄의 생명성을 상징하듯이, '한반도의 배꼽'이라는 상징엔 분단과 전쟁이 남긴 상처를 딛고 새로운 생명의 에너지를 회복해가려는 양구 사람들의 의지가 담겨 있다. 그래서 우리는 '금강산 가는 길' 표지석을 통해 통일을 상상하게 되는지 모른다.

# 습지의 역할과 인공습지

현재 파로호 인공습지는 수중에 떠다니는 이물질과 인 등을 가라앉혀 호수 하류에서 벌어질 수 있는 부영양화富榮養化를 막는 역할을 하고 있다. 습지濕地(Marsh)는 1년 중 일정 기간 이상 물에 잠겨 있거나 젖어 있는 지역을 의미한다. 따라서 습지는 육지와 물을 이어주는 중간단계의 생태적 환경특성을 갖는데, 이로 인해 생물 다양성이 매우 높은 곳이다.

습지는 현재 지구상에서 가장 중요한 생태계의 하나로 꼽힌다. 그 이유는 습지가 인근에 안정적으로 물을 공급하면서 홍수와 가뭄을 완화하는 역할을 할 뿐 아니라, 오염된 물을 맑게 하고 지하수를 채워주는 등의 역할을 하기 때문이다. 기후 변화가 심각한 위기로 등장하는 오늘날, 특히나 탄소를 저장하는 역할까지 하는 습지는 나날이 그 중요성이 높아지는 곳이기도 하다.

인공습지는 이러한 습지 생태계의 특성을 살리고 확장하기 위해서 만들어지고 있는 곳이다. 이곳은 육지와 호수 간의 생태적 순환을 만들어내는 역할을 해서 멸종위기 생물의 서식지가 되기도 한다. 파로호도 파로호 인공습지의 조성과 역할 덕에 잉어, 붕어, 메기, 쏘가리 등의 다양한 담수어 뿐 아니라 천연기념물인 황쏘가리와 수달도 서식 가능한 환경을 갖추고 있는 것이다.

# 05

## 백토의 고장,
## 박수근의 미술을 키워낸
## 민초의 삶과 애환

| 양구백자박물관 – 칠전리 1~2호 가마터 – 양구선사박
물관 – 양구근현대사박물관 – 양구중앙시장 – 박수근
미술관

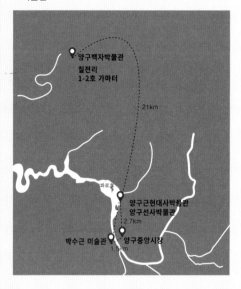

양구백자박물관, 백자의 과거와 현재
칠전리 1~2호 가마터, 민초들의 애환과 고통
양구선사박물관, 북한강의 선사시대 유적들
양구근현대사박물관, 민초들의 일상이 숨쉬는 공간
양구중앙시장, 그 구수한 사람 냄새
박수근미술관, 가난한 이들의 어진 마음을 담아

_____ 이북과 가장 가까이 있는 곳. 치열한 전투가 벌어졌던 땅. 어쩌면 이곳 양구는 지금까지도 전쟁의 흔적이 이어지고 있는 곳일지도 모른다. 전투를 기리는 전적비가 있고, 북에서 파서 내려온 땅굴이 있는 곳이 양구다. 양구는 지금도 한국전쟁과 분단의 한 장면을 담당하고 있다. 그래서인지 이곳을 찾는 외지인의 상당수는 안보 관광을 생각하고 온다.

_____ 하지만 이 땅의 역사에서 전쟁이라는 시간은 너무나 짧은 순간이었다. 아주 오랜 옛날부터 지금까지도 이곳은 사람들이 땀을 흘리고 웃으며 살아가는 공간이다. 그러나 장구한 역사 속 찰나의 순간인 전쟁으로 인해, 이곳 사람들은 전쟁의 흔적 속에서 살아가는 사람들이 되었다. '양구' 하면 떠오르는 이미지는 한국전쟁의 참상과 관련된 것이겠지만, 그것은 결코 양구의 전부가 될 수 없다.

_____ 양구는 그 어디보다도 문화의 숨결이 강한 곳이다. 무엇보다 이곳은 박물관과 미술관이 다채롭다. 파로호 수몰 지역에서 건져낸 소중한 구석기 유물과 유적 등을 전시한 선사박물관이 있고, 선사박물관 바로 옆에는 근현대사박물관이 있다. 또한, 조선 백토와 백자의 중심지로서 양구의 면모를 잘 보여주는 백자박물관이, 현대 미술사에서 한 획을 그은 화가 박수근의 작품을 만날 수 있는 미술관도 있어 양구를 찾는 이들을 언제나 반길 준비가 되어 있다.

# 양구백자박물관,
## 백자의 과거와 현재

근래 양구는 특산품 시래기의 재배지로 유명해졌지만, 사실 양구는 오래전부터 도자기 생산지로 이름을 날렸던 곳이다. 양구읍에서 서쪽으로 갈라진 길을 따라 굽은 능선을 넘어 올라오면, 고려 시대부터 백토의 생산지였던 양구군 방산면에 다다른다. 방산면에는 양구 백자와 백토의 역사를 간직하고 있는 백자박물관과 가마터가 있다. 백자박물관은 처음에 '방산자기박물관'이라는 이름으로 개관했지만, 지금은 '양구백자박물관'으로 개칭하였다.

박물관에 들어서면 각기 다른 모습을 한 자기들로 넘쳐난다. 백자라고 해서 단순하게 흰색의 자기만 떠올렸는데, 그 형태의 다양함과 문양의 화려함은 매우 다채로웠다. 백토를 캐던 곳과 자기를 만드는 과정을 생생하게 재현함으로써 백자 탄생의 처음과 끝을 볼 수 있게 한다. '백견불여일행百見不如一行'이라고, 양구 백토로 직접 물레를 돌리며 나만의 자기瓷器를 만들어 보는 체험도 가능하다.

—
**양구백자박물관 외부**
도자기 빛는 상이 인상적이다.

2020년에는 새로 단장하여 '도자문화역사실'을 개관하였다. 폐쇄적인 형태의 보관 방법을 탈피한 것도 눈길을 끈다. 개방형 수장고에서 행과 열을 맞추어 관람객들을 맞이하고 있는 백자들이 뿜어내는 빛은 더 맑고 투명하다. 기획전시실에서는 매번 주제를 달리하여 프로젝트를 진행하고 있어 현대적 감각의 자기들을 감상할 수 있게 하였으며, 영상실에서도 양구 백토와 조선백자를 다룬 미디어 아트를 선보여 누구나 한 걸음 더 깊이 백자를 이해할 수 있게 꾸렸다.

박물관 밖으로 나오면 자기 빚는 사람들의 다양한 모습들을 형상화한 동상들을 만날 수 있는데, 박물관 내부의 전시물뿐만 아니라 외부의 조경에도 많은 공을 들였음이 그대로 전해진다. 자기로 만든 여러 동물과 상(像)들이 보는 흥미를 돋운다. 귀여운 돼지들이 졸졸 걸어가는가 하면, 다른 한편에서는 날개 한쪽이 떨어진 여인이 땅에 누워 있기도 하다. 박물관 입구에는 수달이 관람객을 맞이하며, 박물관 지붕 모서리에는 동물들이 앉아 있다.

이렇게 박물관 주변을 거닐다 보면 멀리서 흐르는 물소리를 들을 수 있는 행운이 덤으로 온다. 박물관 전체에 생동감을 부여하는 이 물소리를 찾아 조용히 걸어가면, 금강산에서 소리 없이 발원하여 두타연을 걸쳐 파로호로 흘러드는 수입천이 빚어낸 직연폭포가 눈 앞에 펼쳐진다. 직연폭포는 일반적인 폭포들보다는 높이가 낮지만, 수량이 많아서인지 소리가 장쾌하다. 이 직연폭포 북쪽에서 바라보면 인공으로 만든 '방산백자폭포'가 보이지만, 높이 20m쯤 되는 암벽을 거느린 직연폭포의 맑고 우람한 물소리에 더 귀가 쏠리고 눈이 끌린다. 이제 이곳을 지나 위쪽으로, 양구백자박물관 뒤편을 향하여 발걸음을 옮기면 백자를 굽던 옛가마터를 만날 수 있다.

# 칠전리 1~2호 가마터,
## 민초들의 애환과 고통

양구는 백자를 만드는 데 사용하는 백토의 질이 좋아서 예로부터 백자 생산지로 유명했다. 양구 일대에서 도기를 굽던 가마의 터를 조사한 결과, 약 40기의 가마터가 확인되었다. 가마터는 방산면 소속의 장평리, 칠전리, 현리, 송현리, 오미리, 금악리 등 여섯 개 지역과, 인접한 지역인 양구읍 상무룡리 한 곳을 포함한 일곱 개 지역에 분포한다. 양구백자박물관 뒤편에 있는 칠전리 1~2호 가마터가 발견된 것은 우연이었다.

1932년, 금강산 월출봉에서 방화선 공사를 하던 인부들은 돌로 만들어진 궤짝을 발견하였다. 궤짝 안에는 한눈에 보아도 정성껏 만든 은기와 동기, 백자가 나왔다. 궤짝 안에서 발견된 것들은 부처님의 사리를 모셔 소원을 비는 '발원 사리 갖춤(이성계발원사리구)'이었다. 백자의 저부에는 이런 글귀가 새겨져 있었다.

> "금강산 비로봉에 사리를 안치하며 기록을 남긴다. 대명 홍무 24년 신미년(1391) 4월, 시중 이성계와 만 명이 함께 뜻을 모아 … 방산 자기장 심용(=沈龍) …"

1391년은 이성계가 조선을 개국하기 한 해 전이다. 이 긴박한 시절에 이성계와 뜻을 함께했던 만여 명의 사람들이 단순히 이성계 내외의 무병장수를 기원하기 위해 모였을까? 또한, 그들의 무병장수를 기원하기 위해 부처님의 사리를 안치할 정도로 성대하게 행사를 열 필요가 있었을까? 방산면의 자기장이었던 그가 어째서 이 기묘한 불사佛事의 자리에 함께할 수 있었을까? 고려말 조선초 격동의 역사가 양구의 한 '사리 갖춤'에서 읽히는 순간이다.

　　'방산 자기장 심용'의 심용은 1388년 고려의 요동 출정 당시 조민수曺敏修의 휘하에서 이성계 위화도 회군을 도왔던 심덕부沈德符의 아버지다. 그리고 태조의 부마 심종沈悰과 세종의 장인 심온沈溫은 이 심덕부의 아들들이다. 그래서 조선 개국 한 해 전에 만들어진 '이성계 발원 사리 갖춤'의 역사적 의미는 간단치 않다

　　고려 시대 말기에 이미 방산면에서는 백자와 백토를 생산하고 있었다. 백자를 만드는 자기장의 지위는 전혀 낮지 않았다. 방산면이 백자와 백토의 주요 생산지였다는 것은 『조선왕조실록』을 통해서도 확인할 수 있다. 1432년 만들어진 『세종실록지리지』에는 전국에 139개의 자기소磁器所가 등장하는데, 양구현에 두 곳이 있었다고 한다. 1530년 간행된 『신증동국여지승람新增東國輿地勝覽』에 따르면, 전국 자기 생산지는 32개의 소가 있었고 강원지역에는 양구만 남아 있었다.

　　백토와 백자 생산지라는 설명 이면에서 우리는 양구 백성들이 겪었을 고초를 짐작할 수 있다. 기록에 따르면 양구 백성들이 백토 채굴로 매우 힘들어했다는 것이다. 숙종 35년인 1709년에는 양구의 백토 채굴이 주민을 너무 괴롭히므로 생산지를 다른 곳을 옮기자는 건의가 있었으나 궁궐의 그릇 제작을 담당하는 사용원司饔院에서 양구 백토를 고집하였다는 기록이 있다. 또한 영조 17년인 1741년과 19년인 1743년에도 백토 채굴로 고통받는 백성들을 달래주었다는 기록이 있다. 따라서 양구의 백토 품질이 좋은 것은 하늘이 내린 축복이었으나, 양구 사람들에게는 또 하나의 고역苦役일 수밖에 없었다. 살아가기 위해 농사일도 쉽지 않

은 마당에 강제로 백토를 캐는 노역勞役까지 감내해야 하는 사람들의 고통은 이루
말할 수 없었을 것이다. 그래서 재앙은 자연이 그들에게 준 백토가 아니라 '권력
자'들의 독점욕과 무한 탐욕이라 할 수 있다.

　그런 점에서 양구백자박물관의 전시관에서 상영하는 애니메이션 「감사구덩이
전설」은 이런 민초들의 고통을 잘 보여주고 있다. 왕실 납품 자기를 책임지던 양
구는 항상 생산량의 압박을 받았다. 작업이 어렵기 때문이었다. 하지만 양구를 찾
은 감사는 생산량을 더 늘리기 위해서 사람들을 핍박하였다. 결국 분노한 사람들
은 감사가 백토를 캐는 굴에 감시하러 들어가자 굴을 막아 관리를 생매장해버렸
다고 한다. 그 뒤로 그 굴을 '감사구덩이'라고도 불렀다.

# 양구선사박물관,
## 북한강의 선사시대 유적들

　권력자들의 혹독한 수탈과 달리, 양구의 자연은 너무나 아름답다. 양구백자박

물관에서 양구선사박물관으로 가는 길의 경치는 참 좋다. 여름에는 짙은 녹음이, 가을에는 울긋불긋한 단풍이, 겨울에는 눈 쌓인 풍경이 포근하게 길손들을 맞이한다. 그런 31번 국도를 타고 두타연 터널과 도고 터널을 지나 남쪽으로 내려가다 보면 양구선사박물관이 나온다.

양구선사박물관은 양구를 비롯하여 북한강 유역에서 발굴된 선사유적을 전시하고 있는 곳이다. 여느 박물관처럼 유적지에서 발굴된 많은 유물을 볼 수 있다. 흥미로운 것은 전시관 입구에 있는 한 문구다. '한반도 인류의 역사에서 99.8%는 선사시대'라는 것을 보는 순간, 짧은 기록의 역사와 대비되는 긴 인류사에 생각이 미치게 된다. 화석 중에서 가장 친숙해 보이는 삼엽충, 누가 보아도 날카로운 날을 가진 돌도끼, 땀의 흔적이 보이는 간석기들, 누군가의 예술적 재능이 발휘된 듯 여러 무늬로 장식된 토기 등, 수많은 유물이 각자 자기가 있던 시공간의 기록을 우리에게 보여주고 있다.

전시 방향을 따라나서면 박물관 뒤뜰로 나가게 된다. 그곳에는 선사시대 사람들이 살던 움집들을 복원하여 놓았다. 전시관으로 옮겨진 유물들은, 그 언젠가 옛 사람들이 움집에서 생활할 때 사용하였던 것이리라. 그 오른편으로는 고인돌들이 있다. 옛사람의 무덤일 것이라는 고인돌. 고인돌은 한반도 전역에 존재한다. 서쪽

—
양구선사박물관 선사체험장

끝 강화도에서 시작하여 고성군까지 존재한다. 한반도 전체가 선사시대 사람들의
삶의 터전이었다.


# 양구근현대사박물관,
## 민초들의 일상이 숨쉬는 공간

양구선사박물관 바로 뒤에는 2014년 문을 연 양구근현대사박물관이 있다.
720m$^2$ 규모의 양구근현대사박물관은 약 24억 원을 들여 지은 양구군의 대표 전
시시설 중 하나다. 개관 당시 양구근현대사박물관은 1만4천여 점의 기증품을 전
시하는 것에서 시작하였다. 현재는 우표, 엽서, 북한 화폐, 그림, 도자기, 영화 포
스터, 전단지, 잡지 창간호, 서적, 농기구, 소품 등을 선보이는 두 개의 전시실과
한 개의 기획전시실을 갖춘 전문박물관으로 성장하였다.

그러나 이 박물관에 대한 방문객들의 첫인상은 다소 이중적이다. 소박하지만,
매우 잡다한 것들을 모아 놓은 장소처럼 보인다는 것이다. 조선 시대 백자같이 우
리의 눈을 단번에 사로잡는 것들이 있는가 하면, 설명도 없이 모아 놓아 나뒹구는
농기구들은 도대체 무엇에 썼던 것들인지 하는 의심마저 들게 한다. 그래서 근현
대사박물관이라기보다 깨끗하게 꾸며진 중고골동품가게 같은 느낌을 준다. 하기
야 이것이야말로 우리의 편견인지 모른다. 일상의 삶 자체가 질서 잡힌 정돈된 것
이 아니라 잡다하고 번잡한 것이니까 말이다.

근현대사박물관을 지으려는 계획은 2012년 박민일 강원대 명예교수가 자신
이 수집해 온 1만여 점의 소장품을 양구군에 기증하겠다고 하면서 구체화한다.
그러나 양구군이 박물관을 짓겠다고 나섰을 때, '몇 사람의 기증품을 전시하자고
군립으로 박물관을 짓느냐'는 비판의 목소리도 있었다. 하지만 중요한 것은 기꺼

양구근현대사박물관 외부

이 기증에 나서는 사람들이 기꺼이 기증에 나서는 사람들이 있었다는 것이고, 그런 기증을 통해 소소한 일상사를 재현하려는 사람들이 있었다는 사실이다.

〈강원도민일보〉북미 특파원으로 캐나다 토론토에 거주하던 명예 양구군민 송광호 씨가 북한 화폐 등 100여 점을 더 기증하였다. 100세 철학자인 김형석 연세대 명예교수 역시 양구근현대사박물관을 둘러보고 1,000여 점에 이르는 각종 소장품을 내놓았다. 그렇게 기증이 이어졌다. 그래서일까. 잡다하다는 말은 잘못된 첫인상에 그칠 뿐이다. 당시의 지배층들이 소장하던 아름다운 도자기들보다 이곳에 전시된 민초들의 손때묻은 밥그릇들이 더 소중하게 보이기 시작한다.

## 양구중앙시장,
### 그 구수한 사람 냄새

세계 어디를 가든 민초들의 삶을 가장 직접적으로 느낄 수 있는 곳은 시장이다. 삶의 기쁨, 고통과 애환을 함께 하는 곳이 그 마을의 시장이다. 시장 입구에 들어서면 벌써 코를 간지럽히는 맛있는 음식 냄새들이 사람들을 끌어당긴다.

양구중앙시장 역시 재래시장 개선 사업의 하나로 대대적인 보수작업이 이루어졌다. 사람들이 오가는 길에는 지붕이 씌워져 있었고, 건물들도 제법 깔끔해졌다. 입구의 주차장도 마찬가지다. 그래서 손수레에 실린 생선들이며 보따리 장사들이 길거리 좌판을 장악하고 있었던 옛 시장의 모습을 이제는 찾아보기 어렵다. 대신 길가 양편으로 나란히 늘어선 상점들이 잘 정돈된 모습으로 각각의 상품들을 진열해놓고 있다.

하지만 그 속에서 살아가고 있는 사람들의 모습은 옛날이나 지금이나 다르지 않다. 손님과 주인의 흥정, 길거리 음식을 먹기 위해 기다리는 사람들, 담소를 나누는 사람들의 모습은 여전하다. 시장을 오가는 사람들의 손에 들려 있는 것이 새끼줄로 묶은 것인지, 검은 비닐봉지인지, 카트에 실린 형태인지는 중요하지 않다. 여기서 그들 모두가 가지고 있는 것은 사랑하는 사람들에 대한 따뜻한 마음, 즉 '정情'이다. 운반 수단과 그릇의 모습은 시대마다 달라질지라도 그 안에 담겨 있는 마음은 변하지 않는다는 걸 양구중앙시장은 잘 보여준다.

양구중앙시장(ⓒ 양구군청 양구올구양)

# 박수근미술관,
## 가난한 이들의 어진 마음을 담아

삶은 투박하다. "나는 인간의 선함과 진실함을 그려야 한다는, 예술에 대한 대단히 평범한 견해를 가지고 있다. 따라서 내가 그리는 인간상은 단순하고 다채롭지 않다. 나는 그들의 가정에 있는 평범한 할아버지, 할머니, 그리고 물론 어린아이의 이미지를 가장 즐겨 그린다"라고 말하였던 가난한 화가가 있었다. 바로 양구 출신의 화가 박수근朴壽根(1914~1965)이다.

박수근은 양구가 낳은 서민 화가다. 2014년, 박수근은 탄생 100주년을 맞이하였다. 누구나 한 번쯤, 투박하게 문댄 듯이 칠해진, 굵은 선이 소박하게 그어진 그의 그림을 본 적 있을 것이다. 그는 곧잘 한국의 반 고흐에게 빗대어진다. 가난하고 외로운 그의 삶이 그랬다. 환경에 지지 않고 그림에 매달린 그의 정열이 그랬다. 일하는 여인, 광주리를 이고 가는 여인, 아기를 업은 여인의 모습은 그의 주된 회화적 풍경이다. "나는 가난한 사람들의 어진 마음을 그려야 한다는 극히 평범한 예술관을 지니고 있다." 그가 그린 세계는 궁핍했지만 당차게 현실을 이겨내며 살아가는 그의 동시대 민초들의 삶을 재현한다.

박수근은 1914년 강원도 양구 정림리에서 태어났다. 열두 살 때 밀레의 「만종」을 보고 화가가 되기로 결심하고 가난한 서민들의 삶을 그리는 화가의 길을 걸었다. 일본 유학생이 즐비했던 당시, 박수근은 국내파로서 혼자 공부한 실력으로 그림을 그려 1932년 '조선미술전람회'에 입선함으로써 등단한다. 그의 나이 열여덟 살 때였다. 어릴 때 그는 유복한 편이었다. 그러나 곧 어머니의 병과 죽음, 가난한 살림살이, 빚더미 속에서 가족이 뿔뿔이 흩어지는 일까지 겪으며 궁핍한 삶이 시작된다. 이후, 가난은 그가 죽기 직전까지 그와 그의 가족들을 괴롭혔다.

비록 삶은 남루하였으되, 작품은 따뜻하게 빛났던 박수근의 예술세계처럼 박

수근미술관 역시 그 건축과 구성 자체로 이미 하나의 예술작품이다. 박수근미술관은 '박수근기념전시관', '현대미술관'과 '박수근파빌리온'이라는 세 개의 투명한 건물로 구성되어 있다. 그리고 이들 건물은 '박수근공원' 길을 통해 서로 연결된다. 2020년 6월에는 아이들의 동심을 표현한 듯한 다채로운 색감의 '어린이미술관'을 열었다. 화가 박수근의 작품과 만나는 경험은 자연과 건축물이 서로 연결되어 소통하는 과정을 통해 이루어진다. 박수근미술관은 미술관 자체가 자연과 연결되고, 화가와의 만남을 만드는 통로여야 한다는 주제로 설계되었다고 한다.

또한, 각 건물은 박수근 화백의 그림이 가진 색감과 질감을 살려 짙은 화강석을 쌓아 올려 지었다. 1관에서 2관으로 가는 길에는 전망대, 대표작인 「빨래터」의 실제 장소와 자작나무 숲, 박수근 화백 부부의 묘소가 있다. 1관을 나와 전망대로 오르는 길에는 박수근 화백의 동상이 있다. 동상은 창신동 집에서 촬영한 사진 속 모습 그대로, 무릎을 접은 채 두 손을 맞잡고 있으며 미술관 전체를 물끄러미 내려다보고 있다.

박수근의 작품에는 그의 가족들의 일상과 삶이 형상화되어 있다. 그는 아내

박수근 동상(© 양구군청 양구올구양)

김복순을 모델로 하여 「절구질하는 여인」을 그렸고, 딸과 아들을 모델로 해서 「애기 업은 소녀」를 그렸다. 그리고 한국전쟁 때 헤어진 가족들을 다시 만나고 나서 그 이후 다시는 헤어지지 않겠다는 다짐으로 「장남 박성남」을 그렸다고 한다. 힘겨운 삶 속에서도 소소한 행복을 잊지 않았던 그의 삶이 어쩌면 민초의 삶이었는지도 모른다. 그래서 그의 그림은 민초의 삶을 담는 독특한 미적 세계를 창조하였다.

그의 그림들은 매우 단순한 형상으로 사람과 사물을 표현하지만, 그것을 표현하는 미적 질감은 매우 독특하다. 그의 그림이 가진 질감은 마치 바람과 물에 닳아가는 돌의 표면 같다. 박수근의 호는 미석美石이다. 그는 우리나라 어디에서든지 흔하게 볼 수 있는 화강암 조각에서 영감을 받았다고 한다. 돌멩이의 질감은 가난한 사람들의 투박하지만 어진 마음을 그려내려 했던 박수근에게 최적의 표현이었을지 모른다. 그의 그림이 가진 이런 정서들은 당시 서양 화풍으로 점철되었던 한국 미술계에 돌을 던지는 것과 같았다는 평가를 받는다.

화가 박수근은 1965년 51세의 일기로 생을 마쳤다. 기독교 신자였던 그는 경기도 포천의 동신교회 묘지에 묻혔다가 2004년 양구 박수근미술관으로 옮겨졌다. 태어나서 자란 고향에서 영면에 든 그는, 그의 그림을 보면서 삶의 진한 체취를 느끼고자 이곳을 찾는 사람들을 반갑게 환대하면서, 조용히 말을 건넨다.

# 박완서의 『나목』과 박수근

소설가 박완서의 등단작은 『나목裸木』이다. 이 작품에 등장하는 주인공은 이경이다. 두 오빠가 폭격으로 죽었다는 죄의식을 가지고 사는 이경이 서울 명동의 미군 PX 초상화부에서 만난 사람은 미군에게 초상화를 그려 주는 화가 옥희도다. 옥희도는 바로 박수근을 모델로 형상해낸 인물이다. 실제로 박완서는 오빠와 숙부가 죽은 뒤, 미8군 PX의 초상화부에서 화가 박수근을 만났고 그것이 서로에게 영향을 미친 것으로 보인다.

박완서는 소설 『나목』에서 늦은 나이에 작가로 세상에 나올 수밖에 없었던 이유를 설명하면서, 박수근과 그의 작품 「나무와 두 여인」은 한 시대에 대해 함께 증언하고픈 강렬한 욕구를 불어일으킨 운명같은 작품이라고 말하고 있다.

마냥 추워 보이던 겨울 나무가 박수근의 눈엔 어찌 그리도 숨 쉬듯이 정겹게 비쳤는지.. 한 시대에 대해 함께 증언하고픈 욕구가 40대 주부를 작가로 만들었다며, 운명적 만남에 대해 소회하고 있다.

# 06

## 양구의 선사유적지들, 선인들의 삶과 자취에 관한 또 하나의 기록

│ 양구선사박물관 – 상무룡리 유적 – 해안면 만대리 유적
  – 고대리와 공수리 지석묘군

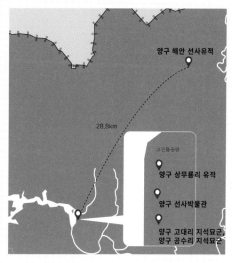

99.8%의 기억, 양구선사박물관
뜻밖의 발견, 상무룡리 유적
중학교 교사와 학생들이 찾은 내륙 선사유적, 만대리 유적
물속에 있던 돌들, 고대리와 공수리의 지석묘군
마음이 있어야 눈도 더 가니까

　　　　　'우리'에 관하여 기록한 현존 최고의 국내 역사서는 고려 인종의 명으로 김부식이 주축이 되어 1145년 완성한 『삼국사기三國史記』다. 『삼국사기』는 고려가 건국된 해로부터 약 200여 년의 시간을 보내며 안정된 왕권과 성숙한 문벌귀족문화가 절정에 이르렀던 시기에 수행된 국사 편찬사업의 결과물이다. 국사는 말 그대로 국가의 역사적 궤적을 확인하고 정립하는 작업이다. 그러므로 왕권 국가에서 국사는 보통 왕조와 국가 구성원의 역사적 기원으로부터 시작한다.

　　　　　『삼국사기』가 표방한 기전체의 선구인 사마천의 『사기史記』 「본기本紀」는 신화적 성왕聖王인 「삼황오제본기三皇五帝本紀」로부터 시작하는데, 한漢 왕조의 역사적 기원을 바로 삼황오제로부터 찾은 것이다. 그렇다면 『삼국사기』의 「본기」는 어디에서 시작하는가. 바로 고구려·백제·신라다. 『삼국사기』가 고구려·백제·신라로부터 시작하는 것과 달리 1281년 편찬된 일연의 『삼국유사』는 우리 민족의 기원을 고조선으로까지 끌어올린다.

　　　　　'양구 선사유적'의 이야기는 하지 않고 웬 『삼국사기』네 『삼국유사』네 하실지 모르겠다. 한때 삼국으로부터 시작하는 『삼국사기』는 고조선으로부터 시작하는 『삼국유사』에 비해 사대적事大的이라느니, 민족적 기원인 고조선을 부정한다느니 하는 비판이 있었다. 물론 지금은 『삼국사기』에 대한 전문가들의 연구가 상당히 축적되었고, 비록 상대적으로 백제나 고조선, 가야, 삼한 등의 역사를 배제하긴 했지만, 한국 고대사 연구에서 없어서는 안 될 귀중한 사료로 평가받고 있다. 그렇지만 고고학의 시각으로 보자면 이 땅의 역사는 기원전 2333년 단군왕검의 고조선보다 훨씬 전으로 거슬러 올라간다. 수천 년 단위가 아니라 수십만 년으로, 아예 단위를 바꿔서 말이다.

# 99.8%의 기억,
## 양구선사박물관

이른바 '역사 전의 역사'를 고스란히 품고 있는 것들이 바로 석기와 청동기의 유물과 유적이다. 이렇게 역사 전의 역사를 전시한 박물관을 흔히 '선사先史 박물관'이라고 하는데, 1997년 10월에 개관한 양구선사박물관은 한국에서 최초로 문을 연 선사시대 전문박물관이다.

양구선사박물관은 양구군청을 지나 북한강 변 동쪽 함춘로를 따라 차로 5분 정도 거리에 있다. 다섯 개의 전시관으로 들어가는 입구에는 커다랗게 '99.8%'이라는 숫자가 붙어 있다. 99.8%. 인간이 이 지구에 살아온 시간의 99.8%는 역사 기록 이전의 시대인 선사시대라는 의미다.

과연 그렇다. 양구선사박물관에는 양구군을 비롯해 각지의 선사시대 유물이 전시되어 있지만, 그 중, 백미는 단연 파로호 수몰 지역에서 발굴한 상무룡리 유적이다. 상무룡리 유적에서는 두 문화층이 발견되었는데, 이들이 어느 시대에 속

양구선사박물관에서 만나는 유물들

하는가에 대해서는 학자마다 견해가 다르다. 그렇지만 대체로 오래된 것이 대략 중기 구석기 시대인 12만 년 전, 비교적 덜 오래된 것이 후기 구석기 시대인 2~5만 년 전의 것이라는 데에서는 벗어나지 않는다.

양구선사박물관은 강원도에 있는 유일한 선사시대 전문박물관이니만큼, 전시품은 구석기 시대로부터 청동기·철기 시대를, 지역적으로는 강원도의 거의 전 지역을 포함하고 있다. 상무룡리 유물을 포함해, 양구선사박물관에는 약 500여 점의 유물이 있는데, 이들 유물은 다섯 개의 전시실에 나뉘어 전시되어 있다.

먼저 선사시대를 개괄하는 '삼엽충관'을 지나면 양구의 구석기, 신석기 유물·유적을 모아둔 제1전시실이 있다. 제1전시실은 반원형의 공간으로, 상무룡리 구석기 유적 발굴 현장을 찍은 사진들과 당시 발굴된 석기들을 모아두었다. 만대리에서 발견된 유물들도 함께 있는데, 이들은 신석기 시대의 것으로 추정되고 있다.

제2 전시관에서부터 제4 전시관은 춘천, 횡성, 강릉, 고성, 홍천 지역의 유물과 유적에 대한 정보를 시대별, 주제별로 나누어 전시하고 있으며, 최종적으로 제5 전시관에서는 '선사시대' 하면 떠오르는 '토기'와 '고인돌'을 주제로 하여 마무리 전시관을 구성하고 있다. 선사시대 하면 떠올리는 토기와 고인돌은 놀랍게도 사실 선사시대 중에서도 매우 최근(?)인 청동기의 유물이다. 한반도에 청동기가

—
양구 상무룡리 유적 발굴 현장(© 양구선사박물관 홈페이지)

유입된 것을 대략 기원전 15~20세기 정도로 잡으니, 저 12만 년 전의 상무룡리 유물에 비하면 고인들은 그야말로 '최신품'이 아닐 수 없다.

양구선사박물관의 볼거리는 이것이 끝이 아니다. 내부의 전시관들을 둘러보고 밖으로 나오면 32,000m²에 달하는 넓은 부지에 양구지역의 고인돌들을 모아 만든 고인돌공원이 관람객을 기다리고 있다. 또한 이곳에는 석기 만들기, 석기 쓰기, 고인돌 옮기기 등의 선사 체험을 할 수 있는 체험장과 야영도 할 수 있도록 움집 캠프장도 마련되어 있다. 재미있는 시도가 아닐 수 없다.

사실, 이 야외공원은 양구선사박물관의 특장점을 가장 잘 보여주는 것이라고 해도 과언이 아닌데, 이 중에서도 특히 고대리 고인돌 3형제가 볼 만하다. 3형제 중 기우뚱하게 상판이 내려와 있는 것이 1971년에 강원도기념물 제9호로 지정된 고대리 1호 고인돌이다. 고대리 고인돌이 왜 고대리에 있지 않고 여기에 있는가 싶은데, 사실 이 고인돌들이 발견된 대부분이 고대리와 공수리 등 수몰 지역이기 때문이다.


## 뜻밖의 발견,
# 상무룡리 유적

12만 년 전 구석기 유적인 상무룡리 유적의 발견은 말 그대로 뜻밖이었다. 벌써 30년 전이다. 1988년 서울올림픽이 있기 직전, 대한민국은 조장된 공포에 휩싸여 있었다. 북한의 수공水攻이 준비되고 있으며, 이에 대한 대응 없이는 서울이 '물바다'가 될 것이라는 소문이 정부에 의해 조직적으로 유포되었기 때문이다.

지금의 우리처럼 이 위협이 '과장'을 넘어 '정치적 조작'이었음을, 당시에도 이미 알고 있었던 사람들도 있었을 것이다. 하지만 서슬 퍼런 군사정권 시대였고 언론은 앵무새처럼 받아쓰기에 급급했으니 이런 '조작'이 널리 알려질 수 없었으리라. 곧 수공에 대비한 댐을 짓기 위한 모금이 시작되었고 전국적으로 661억여 원의 성금이 걷혔다. 이렇게 해서 1987년 시작한 것이 바로 평화의 댐 공사다.

그런데 평화의 댐을 짓기 위해 파로호에서 물을 빼는 물 빠짐 작업을 시작하자 그 아래서 1940년대 초 마을들이 모습을 드러냈다. 그뿐만 아니라 그와 함께 그 누구도 예상하지 못했던 선사시대의 유적들도 물 밖으로 자신을 내어놓았다. 1944년 화천댐이 만들어지고 화천과 양구 일대에 $38.88km^2$에 달하는 3개 면 20여 개의 마을이 10억 톤의 물에 잠겨 파로호라는 새로운 이름으로 불린지 33년 만에 일어난 일이다.

1987년 1월부터 곧장 조사가 시작되었다. 2년 반에 걸쳐 상무룡리, 고대리, 공수리 등지에서 이뤄진 지표조사와 발굴조사는 많은 성과를 거뒀다. 구석기 시대의 대표적 유물들인 찍개와 긁개, 주먹도끼 따위가 6,412점이나 발견되었기 때문이다. 이들은 현재 국립중앙박물관, 강원대학교박물관, 경희대학교박물관 그리고 여기의 양구선사박물관에 각각 나뉘어 전시되고 있다.

상무룡리 유적의 발견 자체도 매우 흥미진진한 사연을 갖고 있지만, 그 고고학적 의미 역시 남다르다. 한국의 고고학은 대체로 1960년대 본격적으로 시작한 것으로 알려져 있다. 그 이후로, 전국에 200여 곳에서 구석기 유적을 발견하였으며, 그중에서도 약 1/4~1/3이 DMZ 접경지대인 북한강 변에 몰려 있다. 그런데 이렇게 북한강을 따라 발견되던 DMZ 접경지대의 구석기 유적지가 양구에서는 유독 모습을 보이지 않았는데, 상무룡리 유적이 발견되면서 '지리적 단절의 의아함'도 단번에 해소된 것이다.

사실 그렇다. 유독 이곳에 사람이 살지 않았을 이유는 없다. 발견된 유적의 규모나 유물의 개수로 볼 때, 이곳은 꽤 큰 거주지였음이 틀림없다. 이곳 양구가 그때도 얼마나 살기 좋은 곳이었는지 잘 말해준다.

상무룡리 유적에서는 받침대로 쓴 큰 돌인 '모룻돌'과 '덜 된 연모'들도 다수 발굴되었다. '모룻돌'은 석기를 만들던 받침대이고, '덜 된 연모'들은 말 그대로, 만들다 만 석기들이다. 구석기 시대와 신석기 시대를 흔히 '뗀석기'와 '간석기'로 구분한다. 옛날에는 한자식 표기로 '타제석기打製石器'니 '마제석기磨製石器'니 했던 것을 우리말로 바꾼 것인데, 입에 잘 붙을 뿐 아니라 뜻도 쉽게 전달되는 것 같다.

상무룡리 유물 긁개(ⓒ 양구선사박물관 홈페이지)

그런데 구석기인들이 사용했던 뗀석기라고 마치 큰 돌로 내리쳐서 우연히 잘린 단면을 썼다고 생각하면 큰 오산이라는 것을 보여주는 것이 바로 저 모룻돌과 덜 된 연모들이다. 예를 들어 긁개와 자르개, 찍개, 밀개, 찌르개, 뚜르개, 째개는 서로 다른 용도와 그에 따라 구별되는 모양을 하고 있다. 긁게는 뾰족한 모서리 두어 면을 긁어낼 때 쓸 수 있도록 삼각형 혹은 한 쪽이 튀어나온 길쭉한 사각형으로 생겼고, 자르개는 전체적으로 긁개에 비해 얇고 면이 더 날카롭다. 손잡이가 둥글고 날카로운 면을 평평하게 만들어 둔 것은 밀개다. 게다가 이런 뗀석기도 시대가 흐르면서 점차 같은 용도의 것이 더 세밀하게 발전하였다.

주먹도끼와 흑요석 석기들만 봐도 몇 차례나 가공이 있었을지 저 많은 '떼어진 면'들이 잘 보여준다. 이렇게 여러 번 조심스럽게 돌 조각을 쪼개고 떼어내어 만들다 보면, 쪼개고 떼어낸 돌조각들이 그 주변에 있을 수밖에 없다. '덜 된 연모'는 바로 이처럼 나름 세밀했던 석기 제작 과정의 일부를 볼 수 있는 재미있는 유물들이다.

# 중학교 교사와 학생들이 찾은 내륙 선사유적,
# 만대리 유적

상무룡리 유적의 발견 못지않게 재미와 의미를 가진 곳이 또 있다. 바로 만대리 유적이다. 양구군 해안면 만대리 유적들은 본래 '현리 유적'이라는 이름으로 알려져 있었다. 이 만대리 유적은 '펀치볼'로 잘 알려진 내륙 분지에서 발견된 신석기 유적이다.

신석기 시대라고 한다면 갈아서 만든 간석기를 사용하고, 또 농경을 시작하면서 비축을 위해 토기를 빚어 사용하기 시작한 것으로 알려져 있다. 사람들이 살아가는 데 있어 가장 중요한 것 중 하나가 물이다. 신석기 토기의 뾰족한 아랫부분은 물가의 모래밭에 꽂아서 세워두기 좋게 만든 것이다. 즉, 신석기 시대 사람들의 주거지란 대부분 하천이나 해안가에 있으며, 그래서 주로 그런 곳들에서 신석기 유적이 발견된다는 것이 일반적인 이해였는데, 이 만대리 유적은 독특하게도 해안가가 아닌 내륙 분지에서 발견되었으니 흥미로울 수밖에 없다.

만대리 유적은 '신석기 유적 = 하안가 혹은 해안가'라는 공식을 깨뜨리고 닫혀 있던 생각을 열었다. 만대리 유적이 깨뜨린 고정관념은 이것뿐이 아니다. 해안면 만대리 선사유적의 최초 발굴자는 전문 고고학자나 탐사연구팀이 아니다. 그 주인공은 1986년 해안중학교에 근무하던 김동구 교사와 그의 중학생 제자들이었다. 당시 국사를 가르치던 김동구 선생은 '구석기 유물을 발견한 것 같다'라는 학생들의 신고를 듣고 학생들과 함께 지표조사에 나섰다.

이들 선생님과 중학생 발굴단은 다수의 신석기·청동기 유물을 찾게 되었다. 처음에는 청동기 시대의 유물인 덧띠토기 조각들을 많이 발굴하였다. 직접 유물을 찾게 된 학생들의 감격은 대단했을 것이다. 김동구 선생은 지표조사에 멈추지 않고 약 120cm를 더 파 내려갔다. 그러자 거기에서 신석기 시대의 것으로 보이

해안면 만대리에서 수습한 유물(원형점토대토기 및 조합식우각형파수)
(ⓒ 문화재청)

는 빗살무늬 토기 조각들이 나오기 시작했다.

만대리 유적은 1996년 강원대학교 문화유적조사단에 의해 심층적인 지표조사가 이뤄졌고, 선사시대 집터도 일부 발견되었다. 강원도는 이 지역을 강원도 문화재자료 제133호로 지정하고 계속 관리해왔으며, 2008년부터 2010년까지 국립춘천박물관과 함께 학술발굴조사를 벌였다. 그 결과 주거지와 함께 강원도 토기의 발달단계를 엿볼 수 있는 다수의 토기 조각을 발견했고, 이들은 현재 양구선사박물관에 전시되어 있다.

그때 만약 학생들이 보고 그냥 지나쳤다면 어떻게 되었을까. 아니면 주워서 깨뜨리고 놀았다면? 선생님께 말씀드렸지만, 공부나 하라며 무시당했다면 또 어떠했을까. 선생님이 무시하지는 않았지만, 그저 칭찬만 하고 넘어갔다면? 만대리 유적의 발굴은 일반인들의 관심이 얼마나 중요한지, 그리고 유물·유적의 발굴은 꼭 전문가들의 것만이 아니라는 것을 분명하게 보여주는 흥미로운 사례다. 덕분에 선사시대 유물·유적은 물가에서나 발견된다는 통념이 여실히 깨어질 수 있었다.


## 물속에 있던 돌들,
# 고대리와 공수리의 지석묘군

양구 상무룡리가 구석기를, 만대리가 신석기를 보여준다면, 고대리와 공수리의 지석묘군은 청동기 유적을 대표한다. 지석묘의 다른 이름은 고인돌, 흔히 토기와 함께 '선사시대'라고 하면 떠올려지는 대표적인 유물이다(이하에서는 '고인돌'로 통칭). 양구에는 원래 38기의 고인돌이 있었던 것으로 알려져 있는데, 지금 남아 있는 것은 27기뿐이다. 그들 중 대부분은 양구읍의 공수리와 고대리, 그리고 해안면에서 발견되었다.

공수리는 양구에서도 고인돌이 가장 많이 발견된 곳이다. 모두 12기의 고인돌이 발견되었는데, 1987년 파로호 물 빠짐과 함께 모습을 드러냈다. 물속에 있던 공수리 고인돌들에 대해 1987년과 1992년에 걸쳐 발굴조사가 이루어졌고, 보존을 위해 1992년 10월 지금 위치인 양구선사박물관 야외전시장으로 모두 옮겼다.

양구선사박물관 야외전시장에 있는 고인돌 중 가장 큰 것은 고대리에서 옮겨온 것이다. 고대리 고인돌들은 파로호 물속에 잠겨 있었던 공수리 고인들과는 달리, 비교적 일찍부터 조사가 이루어졌다는 기록이 있다. 처음 조사한 것은 1968년이고, 1차 발굴조사는 1989년에 진행하였다. 고대리에는 고인돌들이 떼로 몰려 있었다는데, 한 무리는 샛말에 있었고, 다른 한 무리는 샛말에서 서천 상류 쪽으로 500m가량 떨어진 곳에 있었다.

이 중 샛말에 6기, 샛말 위 상류 쪽에는 8기가 있었는데, 샛말에 있던 6기는

모두 양구선사박물관 야외전시장으로 옮겨졌고, 상류에 있던 것들은 유실되고 1
기는 양구선사박물과 야외전시장에, 나머지 2기는 현장에 그대로 남아있다.

고대리 고인돌 중 가장 큰 것은 제3호 고인돌로, 덮개돌의 길이만 4.7m에 달
한다. 가장 먼저 발견·조사된 제1호 고인돌은 1971년에 이미 강원도기념물 제9
호로 지정되었다. 제2호 고인돌은 넓적한 판형 상판이 아닌 말 그대로 돌덩이 같
은 상부석이 인상적인 개석식蓋石式 고인돌이다.

고대리와 공수리의 지석묘(© 문화재청)

고대리 고인돌

양구에는 더 많은 고인돌이 있었지만 파괴되거나 유실된 경우가 많다고 한다. 양구군 동면에는 지석리支石里라는 이름을 가진 마을이 있다. 고인돌의 다른 이름이 '지석묘支石墓'라는 데서 알 수 있듯이, 마을 이름은 과거 이곳에 고인돌이 많이 있었음을 짐작하게 한다. 1942년의 조사 자료에 따르면 지석리 고인돌은 곡식을 말리거나 사람들이 둘러앉아 노는 장소로 쓸 정도로 컸다고 한다.

하지만 이제는 찾아볼 수 없는데, 특히, 탁자식 고인돌들이 부침을 많이 겪었을 것으로 추정된다. 탁자식 고인돌의 경우 상판은 대개 크고 널찍하여서 고인돌의 원래 정체와 용도가 알려지기 전에는 대부분 공공용도로 활용되곤 하였다고 한다. 또한, 규모가 크거나 위치가 독특한 탁자식 고인돌들은 신성시되어 기원이나 치성을 드리는 용도로 사용되었다고 전해진다.

그런데 이렇게 공적 용도로 사용되거나 치성의 대상이 될 수 없었던 즉, 종교적 신성성이나 공공성을 상실한 고인돌들은 농사에 방해가 되는 귀찮은 존재로 여겨져 가져다 쓰기 좋은 석재로 전락하였으리라. 그렇게 용도가 전용된 고인돌의 최후는 짐작하는 그대로다. 실제로 고인돌을 찾아 나섰다가 만난 마을 주민들은 '군부대에서 부대공사를 하면서 석재로 쓰거나 부숴버렸다'라고 귀띔해주기도 하였다.

# 마음이 있어야 눈도 더 가니까

현재 양구에서 발견된 선사시대 유물·유적은 양구선사박물관에 대부분 모여 있다. 그러나 여러 곳을 돌아다닐 필요 없이 한 곳에서 볼 수 있다는 것은 장점이 자 단점이다. 애초의 원형 그대로, 그들이 놓여 있었던 곳의 지리적 배경을 확인 할 수 없다는 것은 분명 큰 손실이다. 하지만 파로호에 다시 잠길 수밖에 없는 운 명이었다는 점에서 본래 발견된 곳에서 옮겨온 것은 불가피한 일이었을지도 모른다.

이제는 고인돌은 물론 선사시대 유물·유적에 대한 인식이 일반화되었지만, 그 래도 여전히 제대로 발굴·연구·보존되지 못하고 있는 유물·유적이 곳곳에 흩어 져 있다. DMZ 접경지역을 따라 서쪽으로는 강화도에서부터 동쪽으로 고성군까 지, 고인돌과 선사시대의 유적들은 중부지역에 골고루 퍼져있다. 이들은 먼 옛날 이 땅을 살았던 사람들의 생명과 문화를 간직한, '역사 이전의 역사'다.

그렇기에 이들이 제 목소리를 내도록 하는 것이 중요하다. 관심을 가지고 지 켜보면서 이들에 관한 지식을 쌓고, 이런 지식을 바탕으로 관심을 더 깊게 가지는 것. 관심이 생기면 지식이 더해지고, 지식이 생기면 관심이 깊어진다. 이러한 관 심과 지식은, 만대리 유적의 발굴 이야기가 보여주듯, 결코 전문가들만의 것은 아 니다. 진부한 표현이지만, 나와 당신, 우리 모두의 것이다.

# 양구선사박물관

양구선사박물관 건립은 1987년 평화의 댐 건설 당시 파로호破虜湖의 물을 뺐을 때 나타난 선사 유물로 촉발되었다. 이들 유물을 전시하기 위해 박물관이 필요하다는 주장이 제기되어 1995년부터 건립이 추진되었다. 1997년 우리나라 최초의 선사시대 전문박물관으로 처음 문을 열었다. 2010년 북한강 유역의 선사유적을 소개하는 박물관으로 확대되었다.

이에 따라 양구, 인제, 화천, 춘천, 홍천 지역에서 출토된 선사유적도 전시하고 있다. 2011년 개인 소장자로부터 강원도 태백산 일대에서 발굴된 고생대 화석 1만여 점을 기탁받았다. 이에 박물관은 삼엽충화석전시실을 별도로 운영하고 있다.

전시실은 크게 셋이다. 상설전시실은 양구와 인근 지역에서 발견된 유물들과 고인돌 등을 전시하고 있다. 삼엽충화석전시실은 5억 4,000만 년 전 캄브리아기에 등장한 고생대 표본 화석인 삼엽충을 비롯해 화석 1만 5,000여 점의 유물들을 전시하고 있다.

양구선사박물관은 양구뿐 아니라 강원도의 거의 전 지역에서 발굴된 유물을 볼 수 있다. 주로 파로호 주변과 수몰 지역에서 발견된 고인돌을 모아두었다는 점에서 충분히 찾아볼 만한 가치가 있다.

양구선사박물관은 강원도 일대의 선사유적을 일괄하여 볼 수 있다는 장점이 크지만, 양구향토사료관도 특히 눈여겨볼 만한 매력적인 곳이다. 향토사료관에는 고대에서부터 근현대까지 생활문화와 농경 생활을 엿볼 수 있는 농기구 및 민속자료들이 빼곡히 전시되어 있는데, 지금 봐서는 이게 뭔가 싶은 것들도 태반이다. 아이들이 궁금해하는 것은 당연하다. 이렇게 할아버지·할머니 세대와 아버지·어머니 세대, 그리고 손자·손녀 세대의 이야깃거리가 생긴다. 물론 아이들이 궁금해할 때까지 기다리는 건 필수. 같은 용도로 쓰인 현대의 도구들과 연관 지어 설명해 준다면 아이들의 호기심은 배가 될 것이다.

# 07

## 금강산 가던 옛길의 '두타연', 비무장지대 청정한 발원의 땅

| 두타연갤러리 – 양구전투위령비 – 두타연 – 두타연 조
  각공원 – 두타교 – 하야교 – 두타연 지뢰체험장

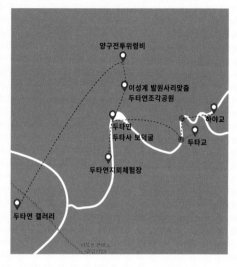

두타연갤러리, 두타연 입구 '소지섭길'의 쉼터
양구전투위령비, 고지전에서 희생된 영혼들에 대한 애도
두타연, 북에서 흘러온 맑은 계곡물에 사는 열목어
두타연 보덕굴, 두타사의 전설이 서린 곳
두타연 조각공원, 여기 평화를 노래하니 무기여 잘 있거라!
이성계 발원 사리맞춤, 양구의 흙으로 빚은 새 나라 염원
두타교 & 하야교, 두타연 지나 걸어가던 금강산 옛길의
다리
두타연 지뢰체험장, 전쟁이 남긴 현재진행형의 상처

# 두타연갤러리,
## 두타연 입구 '소지섭길'의 쉼터

강원도의 DMZ 접경지역이 품고 있는 천혜의 생태 공간으로 인제에서 '용늪'을 꼽는다면, 양구에서는 '두타연'을 빼놓을 수 없다. 양구군 방산면 건솔리 민간인출입통제선 북방에 있는 두타연은 계곡물이 높이 10m의 급류로 떨어지는 폭포와 최대 깊이 12m의 연못 일대를 가리킨다. 두타연은 1954년 민통선이 만들어진 이후 50년만인 2004년에 처음 민간에 개방되었고 2013년 11월부터 당일 출입이 허용되었다. 이곳은 국내 최대의 열목어熱目魚 서식지이자 천연기념물인 산양과 수달도 볼 수 있는 폭호瀑壺(plunge pool)다.

전날 밤에 내린 시원한 봄비가 미세먼지를 씻어준 날, 청정한 비경祕境을 자랑하는 두타연으로 향하였다. 두타연으로 들어가기 위해선 '백석산전투전적비'가 서 있는 고방산교차로를 통과해야 하는데, 전적비 앞에는 붉게 녹슨 철판으로 만든 조형물이 보인다. 구멍 숭숭 뚫린 벽엔 채 마르지 않은 빗물이 핏물처럼 어리어 있다.

두타연갤러리 내부

교차로 옆에는 '소지섭길 51K 두타연갤러리'라는 건물도 보인다. 소지섭? 처음 방문한 사람들은 고개를 갸우뚱한다. 퇴계 선생의 눈매를 닮은 수구 선수 출신의 연기자? 그래, 당신이 아는 한때 '한류스타' 그 배우가 맞다. 사진에 일가견이 있는 소지섭 씨는 양구를 여행하며 치유 받은 경험과 자신만의 감성을 담아 그 풍경을 사진에 담았고 2010년에 『소지섭의 길』이라는 포토에세이를 출간하였다. 여기서부터 두타연으로 들어가는 길도 그가 좋아한 숫자를 따라 만들어진 51km '소지섭길'의 일부라 한다.

그런데 이 머리 굳은 나그네의 감성으로는 '두타연'과 '소지섭'이라는 고리를 자연스레 연결하기가 쉽지 않다. 이른바 '셀럽 마케팅'이 필요한 것을 모르는 바는 아니지만, 여유로운 '힐링'의 시간을 고대하며 찾아온 사람들을 맞이하는 것이 부실하고 조야한 갤러리라면, 이 뜬금없는 기획은 그저 철 지난 상품이 되기 쉽다. 괜한 투정을 부렸더니, 함께 가는 동료가 핀잔을 준다. 이렇게라도 두타연을 알리고 양구를 찾게 하려는 주민들의 마음이 읽히지 않느냐는 것이다. 그 말에 고개를 끄덕이다 창밖의 고요한 민통선 풍경에 차창을 활짝 내린다.

# 양구전투위령비,
## 고지전에서 희생된 영혼들에 대한 애도

두타연갤러리에서 약 1km를 들어가면 군부대 옆에 마련된 이목정안내소가 나오고, 거기서 약 2km를 더 들어가면 두타연주차장이 있다. 두타연 일대를 탐방하는 출입구는 이목정안내소와 동면 월운리의 비득안내소가 있는데, 비득안내소 방향에서 출발할 때는 차량으로 진입할 수 없다. 또한 이곳에서는 음식물 섭취, 반려동물 출입, 어로 및 입수, 식물 채취 등이 금지되어 있다. 방문자들은 안내소

두타연 옆에 있는 양구전투위령비

에서 출입신청서 작성, 신분증 제시, 입장료 납부를 거쳐 출입증을 겸한 위치추적기를 목에 건다.

이목정안내소를 지나 낡은 다리인 이목교를 건널 때 길가에 시선을 잡아끄는 것이 있어 잠시 차를 세운다. 철책선을 상기시키는 철사 조각에 노랑과 빨강의 색을 입혀 만든 국화가 철봉 위에 만개해 있다. 두타연 조각공원 안에도 있는 배성미 작가의 「헌화」라는 작품이다. 남북을 가르는 남방한계선의 철조망이 화합을 염원하는 미술 작품으로 재탄생한 것이다. 이 작품에선 분단과 전쟁으로 인해 희생된 이들에 대한 추모의 마음과 역사의 아픔을 어루만지는 손길, 그리고 미래에 대한 희망을 동시에 느낄 수 있다. 함민복 시인의 "모든 경계엔 꽃이 핀다"라는 시구가 자연스레 떠오를 즈음, 두타연에 도착하였다.

두타연주차장에서 올려다보면 한국전쟁 당시 격전지였던 수직 절벽의 봉우리들이 두타연 일대를 병풍처럼 둘러싸고 있음을 확인할 수 있다. 그 아래엔 지역 특산물을 파는 천막과 야생동물을 위한 먹이 틀이 놓여 있는데, 원래 그 옆엔 예

사롭지 않은 오래된 돌탑이 서 있었다고 한다. 전쟁 당시 프랑스 참전군 전사자들의 유골을 수습하기 위해 만든 화장시설이라고 알려져 있었는데, 2018년 어느 날부터 철거되어 보이지 않는다. 무심히 지나가기엔 발걸음이 무겁다.

본격적인 두타연 탐방을 시작하기 전에 '양구전투위령비'에 먼저 들렀다. '피의 능선', '단장斷腸의 능선' 등 이름만 들어도 전투의 처절함이 전해지는 양구 지역 9개 주요 전투지에서 희생된 전사들의 영령을 기리는 위령비다. "초연硝煙이 쓸고 간 깊은 계곡, 깊은 계곡 양지 녘에 비바람 긴 세월로 이름 모를, 이름 모를 비목碑木이여"…. 두타연 주변의 참혹했던 고지전의 전장은 가곡「비목」을 떠올리게 한다.


# 두타연,
## 북에서 흘러온 맑은 계곡물에 사는 열목어

두타연은 수직으로 떨어지는 작은 폭포와 그 아래 폭호를 아울러 가리킨다. 이곳은 수입천의 지류인 사태천이 산간 지형을 굽이쳐 흐르는 과정에서 물굽이가 끊어지며 만들어진 물웅덩이다. 폭호는 폭포 밑에 깊게 파인 연못을 가리키는데, 넓은 폭으로 흐르던 하천이 갑자기 나타난 좁은 수로를 따라 굵고 세찬 물줄기로 떨어지며 형성된다. 급류가 된 물길은 한반도 모양으로 작은 소沼를 두 번 이루며 꺾이다가 연못으로 수직 낙하한다. 원래 이 하천은 산을 따라 크게 굽어져 흐르던 물길이었지만, 구하도舊河道(old river channel)는 사라지고 현재는 물길이 직선화되고 구하도가 침식시킨 연못 옆 천연동굴만 남게 되었다.

가속력이 붙은 채 두타연으로 떨어지는 물기둥은 조용한 산을 깨우며 웅장한 소리를 낸다. 관찰 데크에서 내려다보면 두타연의 장쾌한 물보라는 주변의 바람까지도 사정없이 휘몰면서 떨어지는 것 같다. 비가 온 다음 날 수량이 풍부할 때 두타연 폭포를 내려다보면 몸이 빨려 들어갈 듯 현기증이 난다. 하늘빛을 가득 받는 수려한 산세는 초록빛을 자랑하고, 그 사이로 세차게 떨어지는 급류는 하얀 물거품을 일으킨다. 이 광경을 넋 놓고 보고 있는 사람들은 이 세 가지 색감의 조화가 일품이라고 입을 모은다.

기암괴석을 감상하며 계곡을 거슬러 올라가면 금강산에 다다른다고 생각하니 괜히 가슴이 벅차다. 피비린내 나는 전쟁 후 인간의 발길이 끊어진 곳에서도 물길은 쉼 없이 흘러 두타연을 마르지 않게 채워왔다. 그 위로 뚫린 하늘길에는 새들이 막힘 없이 자유롭게 남북을 오갔다. 인간사에 무심한 채 쉼 없이 곡선을 그리는 자연의 붓질은 수십 년 분단 세월에도 우리에게 변함없는 장관壯觀의 풍경화를 선사한다.

그런데 두타연 계곡엔 연어처럼 강을 거슬러 올라가는 물고기가 있다. 연어목 연어과의 민물고기인 열목어다. 열목어는 제 몸길이의 몇 배나 되는 높이의 작은 폭포도 꼬리를 튕겨 거슬러 올라갈 정도로 생명력이 넘친다. 옛사람들은 눈알

열목어(© 국립생태원)

이 붉어질 만큼 눈에 열이 나서 차가운 물에 식히러 올라간다고 여겨서 '열목어' 란 이름을 붙였다. 실제론 14℃ 이하 깨끗한 물에서만 사는 냉수성 어종이라 안구 기능을 보호하기 위해 눈에 열을 낸다고 한다.

열목어는 강원도 이북 지역과 경북 북부 일부에서만 볼 수 있어 서식지 두 곳(정선군과 봉화군)이 각각 천연기념물 73호, 74호로 지정되어 있다. 어른 팔뚝만 한 크기로 급류를 온몸으로 받아내며 힘차게 물살을 거슬러 올라가는 열목어는 이 두타연 계곡에서 남쪽 최대의 보금자리를 이루었다. 사람들이 번잡하게 드나들지 않는 서늘하고 조용한 비무장지대가 그들에겐 아늑한 공간이었으리라. 징검다리 중간에서 흘러 내려오는 계곡물에 손을 담가본다. 간혹 지뢰가 떠내려온다는 말을 들었지만 염려되진 않았다. 열목어가 좋아하는 쨍하게 차갑고 맑은 물은 땀이 난 몸을 금세 식힌다.

# 두타연 보덕굴,
## 두타사의 전설이 서린 곳

'두타頭陀'는 속세의 번뇌, 망상, 탐욕을 버리고 불도를 닦는 수행을 일컫는다. 원래 이 말은 '버리다, 씻다, 닦다'라는 뜻을 가진 산스크리트어 'dhuta'의 음역어인데, 부처의 으뜸 제자 중 한 명인 마하가섭摩訶迦葉을 수식하는 두타제일頭陀第一이란 말로 널리 알려졌다. 이 말은 이후 음차한 한자의 의미가 더해져 머리를 흔들며 번뇌를 떨쳐 내고 청정하게 정진한다는 불가의 두타행頭陀行 개념으로 자리 잡았다. 엄격히 의식주를 절제하는 두타의 수행법 열두 가지는 '십이두타행'으로 불리는데, 그 중 첫 번째가 '재아란약처在阿蘭若處', 즉 마을과 떨어진 조용한 산림 속에서 사는 것이다.

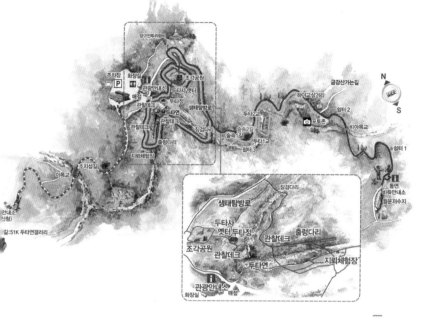

두타연 관광안내도(ⓒ 양구군청 양구올구양)

조각공원과 두타정 사잇길에는 두타사 터 팻말이 서 있다. 고요한 심산유곡인 이곳에 터를 잡았던 '두타사'는 심신을 청신하게 닦는 산사山寺의 이름으로 더없이 좋았으리라. 『신증동국여지승람新增東國輿地勝覽』에 소개된 두타사는 고려 시대 초기에 창건된 것으로 여겨지며, 적어도 17세기에 문을 닫은 것으로 알려져 있다. 인근에서 축대, 깨진 기와, 도자기 조각 등이 수습되었지만, 절의 규모를 알 수 있는 흔적은 남아 있지 않다.

두타연 오른쪽에 넓은 입구를 가진 움푹한 천연동굴은 '보덕굴'로 불린다. 이 두타사 보덕굴은 동쪽의 낙산사 홍련암, 서쪽의 강화도 보문사, 남쪽의 남해 보리암과 더불어 예로부터 '4대 관음성지'로 불린 북쪽의 이름난 도량터. 두타사의 창건 설화는 두타연이라는 이름의 연원을 짐작하게 할 뿐만 아니라 불도의 깨달음도 전해 준다. 두타연과 보덕굴의 풍경 속에 영험한 힘을 불어넣는 그 이야기는 이렇다.

두타사지(頭陀寺址) 보덕굴의 전설

두타란 번뇌의 티끌을 털어 없애고, 의·식·주에 탐착하지 않으며
청정하게 불도를 수행하는 것을 의미한다. 두타선(頭陀禪)은 금강산 송라암에서 수행 정진을 하던
회정선사(1678~1738, 호는 설봉)와 관세음보살에 얽힌 전설이 깃든 연못이다.

회정선사는 금강산 송라암에서 3년동안 천일기도에    서쪽을 향해 관음보살 있는 곳을 엿보려고 하지 않고 산길의    열현하니 이곳 연못에 모습을 나타내시니 오늘 두타선
전력하던 999일째 되던 날 금강의 한 여인으로부터    몽골옹을 찾아 부탁을 하자" 아니 자넨 보현·관음    으로 칭하고 남쪽 보리암, 동해 흥련암, 서해 보문사,
"양구의 방산면 건솔리의 몽골옹을 만나면 관음보살을    보살과 함께 살면서도 알아보지 못했단가? "하고 꾸짖    북쪽 두타사 보덕굴로써 우리나라 사대 관음성지로서
친견할 수 있다는 선몽을 받아 그 길 인연으로 하여금    으니 그제 곧 문수보살임을 그제야 알아보고 자신의    50여년간 통폐되었다가 2004년도 부터 관광객에게
해명방과 그의 딸 보덕아씨를 삼년동안 고생과 더불어    우치함을 탓하고 다시 찾기를 간절한 백족정진 기도로    개방되어 명소로 알려지는 바이다.

—
보덕굴 안내판

  금강산 송라암에서 수행하며 천일관음기도를 드리던 회정선사는 관세음보살
을 직접 볼 수 있기를 간절히 바랐다. 천일기도를 하루 앞둔 날, 그의 꿈에는 한
여인이 나타나 관세음보살을 만날 방법을 친히 일러주었다. 양구의 방산 건솔리
에 사는 몰골옹이라는 노인을 찾아가 해명방이라는 어른의 행방을 물으면 관세
음보살을 친견할 수 있다는 것이다. 급히 길을 떠난 회정은 보름 후 양구에 도착
하여 몰골옹을 만났고, 그가 일러준 곳으로 가서 다시 해명방을 만났다. 해명방은
회정에게 자신의 딸인 보덕과 부부의 연을 맺으라고 권유하였는데, 관세음보살을
보기 위해 일심으로 기도하던 회정은 그의 말을 따라 보덕과 부부로 3년 넘게 살
며 숯을 팔아 생활하였다.

  그런데 아무리 믿고 기다려도 관세음보살의 현신을 마주하지 못해 낙담한 그
는 어느 날, 부녀에게 이별을 전하고 몰골옹을 찾아가 자신의 답답함을 토로하였
다. 몰골옹은 지그시 웃으며 그 부녀가 바로 보현보살과 관세음보살이라고 전하
며, 자신은 문수보살의 화신임을 일깨웠다. 이 말을 들은 회정이 급히 되돌아갔지

만, 보덕과 함께 살던 집은 이미 흔적도 없이 사라지고 없었다. 회정이 실망하고 자책하며 다시 몰골옹을 찾았지만, 그 집도 연기처럼 사라진 후였다.

회정은 자신의 우매함과 어리석음을 한탄하며 하늘을 보며 관세음보살을 목 놓아 부르자, 관세음보살이 허공에 나타나 산 중턱으로 그를 이끌었다. 회정은 쫓아갔지만, 관세음보살의 형상은 멀리 사라지고, 그곳엔 두건이 벗겨진 관세음보살의 형상을 한 바위가 서 있었다. 무릎을 꿇고 기도한 회정은 송라암으로 갔다가, 다시 양구로 돌아와서 두타연 바위굴에서 7일 낮과 밤 동안 계족정진으로 두타행을 실천하였다. 고행하던 그의 앞에는 어느 순간 바위굴이 커다란 거울이 되어 나타났고, 맑은 거울엔 보덕과 자신의 모습이 뚜렷하게 비쳤다. 회정선사는 이 바위굴 맞은편에 터를 잡고 사찰을 세웠으니 그 이름을 '두타사'라고 하였다. 그토록 만나고 싶던 관세음보살의 현신과 부부가 되어 함께 살았지만, 그를 알아보지 못한 어느 수도승의 이야기는 그 자체로 불도의 깨달음을 전해준다.

두타연과 보덕굴

# 두타연 조각공원,
## 여기 평화를 노래하니 무기여 잘 있거라!

두타사 터 팻말에서 눈을 돌리면 양구전투위령비 반대편으로 조각공원이 보인다. 이곳에서는 2013년 잔디광장에서 진행되었던 'DMZ를 말하다' 전시회에 출품된 설치미술 작품들을 만날 수 있다. 탐방객들은 옹기종기 놓여 있는 각 작품 주위를 돌며 나름의 느낌으로 감상을 하고 작품의 제목을 보고 잠깐 멈춰 서서 상념에 빠지곤 한다. 그런데 조각공원 옆에 늘어서 있는 낡은 무기들은 이곳이 남북의 삼엄한 경계 지역임을 상기시킨다. 미군이 제공했던 M48A2C 전차의 무한궤도는 두타연 계곡을 헤집을 것처럼 육중하고, 뾰족한 탄두를 곤두세운 나이키 미사일은 곧 발사될 듯 여전히 북쪽을 겨냥하고 있다.

—
퇴역 후 전시된 '나이키 미사일'

DMZ를 주제로 한 작품들의 여운이 채 가시기도 전에 퇴역한 화포들이 주는 긴장감은 참으로 이질적이다. 굳이 이런 무기들을 늘어놓지 않더라도 이곳이 어떤 곳인지는 누구나 아는데 말이다. 멀리서 두타연을 보러 온 사람들에게 안보 교육부터 해야 할 만큼 오늘날의 한반도가 여전히 엄혹한 시대일까. 상대에 대한 적대심의 끈을 놓으면 안 된다는 어떤 강박은 우리가 사는 이 분단체제의 심리적 산물이리라. 조각공원을 지나면 왼쪽은 생태탐방로이고 오른쪽은 두타연을 내려다볼 수 있는 정자인 두타정으로 이어진다.

두타연 조각공원에 설치된 작품

## 이성계 발원 사리맞춤,
### 양구의 흙으로 빚은 새 나라 염원

조각공원 안쪽에 깨어진 백자 사발 두 개를 겹쳐서 엎어 놓은 모양의 작은 건물 크기의 조형물이 이채롭다. 굽과 손잡이가 달린 백자 사발은 '소원이 이루어지는 항아리'로 불린다. 내부에는 뻥 뚫린 하늘을 향해 올라가려는 나무들이 뿌리를 내렸고, 절 처마 끝에 매다는 풍경風磬들이 원을 그리며 달려 있다.

600년 전, 태조 이성계도 이곳 양구에서 새로운 세상에 대한 발원을 담아 '미륵 세계'를 실현하기 위한 기도를 올렸다. 조선왕조의 개국이라는 대업을 준비하며 새로운 역사를 만들어가려던 많은 이들의 염원을 담아 양구 방산면의 백토로

백자 사발을 겹쳐 놓은 듯한 두타연의 조형물

백자를 빚어 금강산 월출봉에서 발원사리구發願舍利器를 봉안한 것이다. 1932년 금강산에서 산불 저지선 공사를 하던 인부들은 사리를 담은 백자 그릇들과 은제 도금 용기를 발견하였다. 이것이 바로 현재 국립중앙박물관에 전시된 보물 1925호 금강산 출토 '이성계 발원 사리갖춤'이다.

역성혁명의 야망과 성리학을 통치 이념으로 삼는 '새 나라'에 대한 정치적 염원은 역설적이게도 두타연과 금강산을 잇는 불국토佛國土에 대한 염원으로, 나아가 미륵의 세계를 꿈꾸는 민중들의 신실한 종교적 발원의 형태로 담겨 있다. 개성에서 시작한 그 바람은 두타연을 거쳐 간 양구 방산의 흙으로 금강산에서 빚어졌다. 백성이 살기 좋은 새로운 미래를 향한 오랜 발원은 이제 우리 시대의 염원, 분단의 고통을 해소할 평화통일에 대한 소망으로 다시 기억되고 있다.

두타연 상류의 생태탐방로는 호젓하고 아늑한 느낌을 주는 오솔길이다. 봄기운이 탄력을 받으면 지뢰 경고 팻말이 걸린 철조망 사이에서도 만개하는 야생화의 향연이 펼쳐진다. 초대받지 않은 손님들이 된 방문자들은 오솔길을 거닐며 그

국립중앙박물관에서 전시중인 이성계 발원사리함과 백자그릇

연약하고 아름다운 것들에게 저마다의 이름을 불러줄 수 없어 괜히 미안할 따름이다. 흩어진 수박씨 같은 산양의 배설물도 보이는데, 뭉툭한 통나무 조각으로 만든 동물 형상들도 풀꽃들 사이에선 살아있는 것처럼 생기가 돈다. 'DMZ에 묻힌 박수근 그림 항아리' 팻말은 방문자들의 호기심을 자극한다.

양구가 낳은 민초들의 화가, 박수근의 초기 작품 수백 편을 부인 김복순 씨가 피난 중 항아리에 담아 중동부 DMZ 일대 어딘가에 묻었다는 이야기다. 최근 호당 수억 원을 호가하는 박수근의 작품 가격을 고려할 때, 만약 그 항아리가 온전히 묻혀 있다면 그것은 세상에서 가장 비싼 항아리가 될 것 같다.

박수근의 그림이 담긴 항아리와 천 년 전 창건되었다는 두타사頭陀寺의 흔적은 찾을 수 없지만, 두타연에서 절대 사라지지 않는 것은 중생의 소리에 귀를 기울이는 관세음보살에 대한 회정선사의 발원처럼 새로운 세상을 꿈꾸는 사람들의 염원과 희망이다. 눈으로 소리를 듣고 귀로도 사물을 볼 수 있는 관음보살은 가엾고 착한 중생의 소원을 들어주며 그들을 구제한다.

# 두타교 & 하야교,
## 두타연 지나 걸어가던 금강산 옛길의 다리

두타연 생태탐방로에는 '두타교'라는 이름이 붙은 다리가 4개나 있다. 출렁다리를 건너 발길을 다시 생태탐방로로 돌려 동쪽으로 물길을 따라 12km 구간을 3시간 거슬러 올라가면 길은 비득안내소에 닿는다. 군사 도로로 쓰이던 거친 비포장 길 중간에 나무로 난간을 장식한 두타 1교, 두타 2교, 두타 3교 사이의 탐방로는 멋들어진 풍경을 선사하며 트레킹하는 사람에게 휴식을 제공한다. 조금 더 올라가면 하야교가 보이고, 다리 밑으로는 금강산에서 흘러온 하천이 자연스레 남쪽의 물길과 합류한다.

누가 새들만 날아서 남과 북을 오간다고 말하는가
금강산 가는 옛 길목 하야교 삼거리에서는
윗녘 물줄기와 아랫녘 물줄기가
소리치며 흘러와 하나로 합쳐지느니
혹시나 하여 조심히 딛는 발자국소리에도
어디에선가 흙무더기 솟구치며 터져오를 것만 같은
검푸른 산빛 속에 촘촘히 묻힌 지뢰밭,
그 속에서 이끼 묻은 쪽동백 고로쇠 물박달
돌배나무들이 마치 아무렇지도 않은 듯이
머루 다래 칡넝쿨들과 어우러져 살고 있다니
－양성우, 「두타연 숲길에서」 중

하야교삼거리 좌측은 금강산 가던 옛길의 길목이다. 물론 그 길은 철문으로 막혀 있지만 지금 당장이라도 걸어갈 수 있을 듯 아련하기만 하다. 두타연을 거쳐 다시 시작되는 금강산으로 가는 도보 길은 32km로 알려져 있다. 이 길은 일제강

두타교

두타교에서 바라본 계곡

점기인 1930년대 중반에 개통된 금강산전기철도가 놓이기 몇백 년 전부터 서쪽에 살던 사람들이 금강산으로 가던 길이었다. 양구읍에서 50km 밖에 떨어져 있지 않은 금강산 장안사로 가는 길은 한양에서 내금강으로 가는 가장 빠른 길이었다.

'금강산 가는 길' 팻말이 보이는 곳에 앉아서 코끝을 간질이는 바람을 기다리니, 중국 근대작가 루쉰鲁迅의 말이 머리를 스쳐 지난다. "희망이란 본래 있다고도 할 수 없고 없다고도 할 수 없다. 그것은 마치 땅 위의 길과 같다. 본래 땅에는 길이 없었다. 걸어가는 사람이 많아지면 그것이 곧 길이 되는 것이다." 사람들의 발원이 모이면 길이 보일 것이요, 그 길을 걸어가는 사람들의 함께 걷는 발걸음이 길을 더 단단히 다질 것이다.


## 두타연 지뢰체험장,
### 전쟁이 남긴 현재진행형의 상처

방문객들이 두타연 탐방로를 평화롭게 거니는 것이 뭔가 허전하다고 생각해서였을까. 두타연 아래엔 노약자와 임산부의 출입을 금한다는 경고가 붙은 '지뢰체험장'도 설치되어 있다. 이처럼 안전하게 두타연 일대를 둘러볼 수 있는 것은 물론 이 땅을 뒤덮고 있던 지뢰를 제거하였기 때문에 가능한 일이다. 또한 지뢰라는 흉악한 무기 자체를 '체험'함으로써 그것이 매설되고 다시 걷어진 이 땅의 역사와 아픔을 '기억'하는 것도 미래 세대에게 중요한 책임이리라. 그런데 돌아서는 뒷맛이 개운하지 않은 것도 사실이다. 각종 지뢰의 파괴력을 설명하는 안내문, 요란한 폭발음을 담은 음향 장치, 사람이 직접 올라타고 폭발의 진동을 체험할 수 있는 시설은 '과연 이것이 우리가 두타연을 온전히 느낄 수 있는 최선의 방법일까?'하고 고민하게 만들기 때문이다.

두타연 지뢰체험장

—
비무장지대 철조망으로 만든 작품 '헌화'

다시 출발지점으로 돌아와 운동화에 묻은 흙을 턴다. 처음엔 보이지 않았던 것이 눈에 들어온다. 주렁주렁 걸려 있는 열목어 모양의 나무 조각들엔 방문객들의 소원들이 쓰여 있다. 이 아름다운 두타연을 자연과 사람의 상생, 생명과 역사의 조화, 분단의 고통에 대한 치유를 더 생생하게 느낄 수 있는 공간으로 가꿔볼 수는 없을까 생각해본다.

# 두타연 방문 예약 및 탐방

'군사시설 보호구역'으로 지정된 두타연 계곡 전 구간의 탐방 예약은 '양구안보관광지' 홈페이지(http://stour.ticketplay.zone)에서 사전 신청할 수 있다. 계절별 관람 시간은 여름철(3~10월)엔 09:00~17:00(접수 마감 15:40)이며, 겨울철(11~12월)에는 09:00~16:00(접수 마감 14:40)이다.

　두타연 관람은 크게 3가지 코스로 둘러볼 수 있으며, 본문에서 소개한 코스는 2코스에 해당하며, 핵심 구간인 '생태탐방로'는 '두타연 폭포 → 지뢰체험장 → 출렁다리 → 관찰데크 → 징검다리 → 양구전투위령비 → 조각공원 → 두타정'으로 구성되어 있다. 일반적인 관람로와 역방향에서 출발하는 '비득안내소' 탐방로는 11월~3월에는 운영하지 않으며, 차량으로는 출입이 불가하며 군부대 상황에 따라 출입이 통제될 수 있다.

- 1코스(1시간 30분 소요): 두타연주차장 → 생태탐방로 → 두타연주차장
- 2코스(3시간 30분 소요): 두타연주차장 → 생태탐방로 → 쉼터3 → 두타 2교 → 금강산 가는 길(포토존) → 두타연주차장
- 3코스(3시간 소요): 두타연주차장 ↔ 생태탐방로 ↔ 쉼터3 ↔ 하야교삼거리 ↔ 금강산 가는 길(포토존) ↔ 쉼터2 ↔ 비아목교 ↔ 쉼터1 ↔ 비득안내소

# 08

## 지질공원으로서의 '해안분지', 접경지역 삶터로서의 '펀치볼'

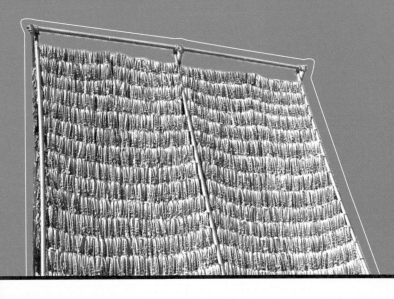

| 펀치볼 – 양구통일관 – 양구전쟁기념관 – 펀치볼둘레
길안내센터 – 물골교 – 양구 해안선사유적 – 펀치볼시
래기마을농가 – 을지전망대

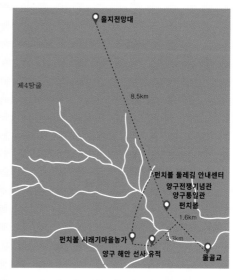

종군기자가 명명한 '펀치볼'로 더 유명한, 해안분지
'뱀을 쫓아낸 돼지 마을' 여행의 시작, 양구통일관 &
양구전쟁기념관 & 펀치볼둘레길안내센터
거대 호수의 흔적이 남은, 물골교 & 양구 해안선사유적
남북대결 시대 '재건촌'의 기억을 딛고, 펀치볼 마을
봄을 기다리는 사람들, 펀치볼시래기마을농가
지질학적 시간과 분단의 역사를 굽어보는 곳, 을지전망대
'펀치볼 여행'에서 체험하는 생명의 힘과 평화의 가치

## 종군기자가 명명한 '펀치볼'로 더 유명한,
# 해안분지

　강원도 양구군 해안면<sub>亥安面</sub>은 하나의 침식분지<sub>侵蝕盆地</sub> 지형으로만 이루어진 유일한 면 행정구역이다. '펀치볼(punch bowl)'이라는 이름으로 더 잘 알려진 '해안분지'는 인제군 서화면과 양구군 동면의 경계에 걸쳐 있다. 인제에서 갈 때는 산을 굽이굽이 돌아 넘지만 양구읍에서 가자면 31번 국도와 453번 지방도를 타고 들어가는 길이 완만하다. 수 km 떨어진 곳에서 봐도 럭비공 모양의 해안분지를 둘러싼 거대한 산등성은 눈앞의 성벽처럼 시야를 가로막는다. 해발 1,100m를 넘

▲ 해안분지 내
모든 물이 빠져나가는
당물골 일대의 모습

해안분지의 수계와 동-서 단면도(©강원평화지역 국가지질공원)

장력

하중제거 및 팽창

중생대 화강암 관입
[심층풍화 진행]

유수의 침식에 의한 풍화물질 제거

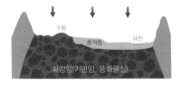

구릉

충적층

하천

화강암(기반암, 풍화물질)

—
해안분지의 형성 과정
(ⓒ강원평화지역 국가지질공원)

나드는 봉우리들이 어깨를 맞대고 진을 치고 있는 형상이니 그 우람한 실루엣에 괜히 주눅이 들 것만 같다. 돌산령터널을 통과해 해안분지로 들어가는 길에서 사방을 둘러보니 거인국의 성채城砦 안으로 들어가는 걸리버가 된 듯하다.

그런데 해안면 중심으로 들어갈수록 거대한 분지는 어느새 새 둥지 속에 들어온 것처럼 아늑한 보금자리의 느낌을 준다. 머리에 구름을 두르고 우뚝 서 있는 1,304m의 대암산, 1,148m의 도솔산, 1,179m의 대우산의 고봉들은 밖에서 볼 때는 위압적이지만, 분지 내부에선 든든한 장벽이다. 분지 바닥의 평균 고도가 해발 400m 정도이니 높이 700m 이상의 벽을 두르고 있는 셈이다.

해안분지의 크기는 남북으로 11.95km, 동서로 6.6km에 이른다. 백두산 천지와 비교하자면 61.52km²의 면적은 9.17km²인 천지보다 여섯 배 더 넓고 둘레는 8km 더 길다. 그런데 이 천혜의 '산골 요새'의 인구밀도는 전쟁 전이나 지금이나 낮아서 2015년 기준으로 6개의 리里에 1,408명이 거주할 뿐이다. 한국전쟁 당시 주변 능선에서 일어난 치열한 전투를 보도하던 어느 미국 종군기자는 넓고 움푹한 이 특별한 지형에 '펀치볼(Punch Bowl)'이라는 이름을 붙여주었다. 토착민들의 눈에 거대한 함지박처럼 보이던 분지가 미국인들에겐 윗면이 넓은 칵테일 잔이나 화채 그릇을 닮은 것으로 보였고, 이젠 그 이방의 명칭으로 굳어졌다.

고지를 차지하기 위해 격렬하게 반복되었던 전투 과정에서 희생된 젊은이들의 핏물은 지금도 그 밑바닥에 스며들어 있을 것이다. 전쟁 후 수많은 포탄이 떨어진 분지 안은 초토화되었고 38선 이북 지역이던 이곳의 원주민들은 모두 사라졌다. 전쟁 전 고요한 오지였던 이곳은 전쟁 후 일종의 '전리품' 같은 수복지역이자 DMZ와 마주하여 북을 향한 선전마을이 들어서게 되는 최전방 접경지역으로 바뀌었다.

## '뱀을 쫓아낸 돼지 마을' 여행의 시작,
# 양구통일관 & 양구전쟁기념관 & 펀치볼둘레길안내센터

펀치볼 여행 정보를 얻을 수 있는 곳은 아무래도 '양구통일관'과 바로 옆에 있는 '양구전쟁기념관'이다. 해설사의 안내를 받아 해안면을 구석구석 둘러볼 방문자들은 사전신청을 하고 양구통일관 건물에 소재한 '펀치볼둘레길안내센터'에서 해안 탐방을 시작한다. 2011년 10월부터 조성된 'DMZ펀치볼둘레길'은 안내센터를 출발점이자 종점으로 하는 총 72.2km의 순환식 4개 구간으로 조성되었다.

눈 밝은 방문자들은 해안면의 한자에 먼저 호기심을 가지는데, 특이하게도 돼지 해亥를 쓰는 지명에는 재미난 유래가 전해진다. 원래 바다 해海를 써서 해안海安으로 불리던 해안분지 안쪽 산기슭의 땅은 통풍이 원활하지 않아 음습한 곳이 많았고 뱀이 자주 눈에 띄었다. 마음 편히 집 밖을 나가지 못할 정도로 뱀이 많아지자, 사람들은 뱀을 잡아먹거나 쫓아내는 돼지를 풀어서 키웠다. 뱀이 사라지자

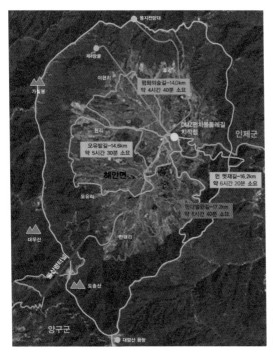

펀치볼둘레길 코스 안내도
(ⓒ 양구군청 양구올구양)

해안분지는 그 이름의 한자처럼 편안한 땅이 되었고, 지역 이름에도 음이 같은 돼지 해亥를 쓰기 시작했다.

　물론 이 이야기를 지명 설화에선 덕망 높은 스님의 말을 듣고 글자를 바꾸자 뱀이 사라졌다는 것으로 바꾸어 말한다. 돼지의 습성이 아니라 글자의 주술적 효과가 먼저라는 것이다. 무엇이든 간에 돼지는 이곳의 독특한 자연환경에 적응하여 살아가던 사람들의 무던하고 인내심 많은 심성을 표현하는 것이기도 하리라. 척박한 분지 지형에서 터를 닦아 살아가던 사람들에게 춥고 습한 이곳의 기후를 극복하는 것은 생존의 첫째 과제였기 때문이다.

# 거대 호수의 흔적이 남은,
# 물골교 & 양구 해안선사유적

　　그런데 원래 해안이라는 이름에 왜 바다 해海가 쓰였을까? 오늘날 양구 사람들은 '한반도의 배꼽'을 자임하는데 먼 옛날 이곳 사람들은 태백산맥 너머의 동해라도 보았던 것일까. 현재의 모습만 전부라고 믿으니 이렇게 시야가 좁아진다. 이곳의 지리 조건을 살펴보면 정녕 사라진 것은 뱀이 아니라 '바다같이 넓은 호수'였다는 점을 알 수 있다. 산에서 흘러 내려오는 계곡물은 둥그스름한 그릇 같은 분지 안에 가득 채워졌을 것이다. 둘레 22km에 수백 m의 수심을 가진 큰 호수는 외부와 분리된 독자적인 생태계를 갖춘 영험한 산정호수의 경관이었으리라. 지금도 남아 있다면 아마 그 호수는 백두산 천지의 명성에 버금가는 한반도 중부의 '배꼽 우물'로 불렸을 것 같다. 태어나서 한 번도 바다를 보지 못한 뭇 생명들에게 그 호수는 바다의 너른 품을 가르쳐 주었을 것이다.

양구 해안선사유적지 전경(© 문화재청)

—
물골교

    그런데 아주 오래전 운명처럼 닥쳐온 그 날, 약한 부위의 균열이 점점 심해지다가 산등성 한쪽이 터져버렸다. 붕괴한 댐처럼 호수의 물은 급류가 되어 단 하나의 물골로 빠져나갔으리라. 동쪽의 '당물골'은 지금도 사방에서 흘러내린 계곡 물이 분지 중앙에서 합류하여 흘러나가는 길이다. '물골교' 아래로 흘러가는 작은 물길은 군사분계선을 곁에 두고 흐르다가 인제군 서화면에서 소양강의 지류가 되고, 소양강은 다시 북한강과 한 몸이 되어 서해까지 흘러간다. 지금도 분지 안쪽 600~700m 산비탈에서는 조개껍데기가 심심찮게 발견되기도 한다. 그렇다면 해안면의 옛 이름에는 바다같이 넓고 푸르렀을 호수에 대한 사람들의 그리움 또는 상상이 담겨 있는 것이 아닐까.

    호수가 사라지자 다양한 육지 생물과 함께 인간도 이곳에 걸어 들어와 살기 시작하였다. 펀치볼을 처음 찾았던 선사시대 원주민들은 아마 한강을 거슬러 올라오다가 여기까지 다다랐을 것이다. 거대한 분지는 안으로 들어와서 아옹다옹 살아가는 생명을 넉넉히 품어 안았다. 자연 지형이 방어벽을 구축하고 외부와 차단된 독자적인 생활을 할 수 있다는 점에서 해안분지는 그들에게 매력적인 삶터였을 것이다.

그래서 지금도 해안면의 중심인 만대리의 '양구해안선사유적지'에는 그 흔적이 잘 남아 있지는 않지만, 구석기 시대부터 철기 시대까지의 유물이 한 장소에서 층을 두고 출토된다. 이러한 선사유적지는 보기 드물다. 선사유적지 근처에 있는 팔각정에 앉아서 긴 세월 속에서도 흘러가는 생명의 터전을 굽어본다. 과거의 호수 바닥은 선사시대와 역사시대의 오랜 생활 터전이었다가, 전쟁 이후 이곳에 들어온 주민들이 피땀으로 일군 논밭이 되었다.

## 남북대결 시대 '재건촌'의 기억을 딛고,
# 펀치볼 마을

장구한 시간 동안 일어난 침식·풍화·융기 등의 지질학적 변화가 해안분지의 지형·기후·식생을 계속 바꾸었다면, '수복지구' 펀치볼의 거주민과 문화를 바꾼 것은 다름 아닌 전쟁이었다. 38선 이북이었던 해안면은 1954년 11월 수복지구 임시행정조치법을 통해 인제군에 포함되었다. 그 후 펀치볼은 1973년 다시 양구군 동면으로 편입되었고, 1983년에야 해안면으로서 위상을 되찾았다. 전쟁으로 황폐해진 이곳이 다시 사람이 살 수 있는 곳으로 가꿔지기까지 민통선 북쪽 민북마을 정착민들이 어떤 희생과 고난을 감수하였는지는 잘 알려져 있지 않다. 땅의 소유자이던 원주민들이 북으로 가거나 생사를 알 수 없게 된 전쟁의 폐허 위에 다시 사람이 들어와서 살기 시작한 계기는 피난민 정착 사업의 하나로 진행된 '재건촌' 조성이었다.

귀농선 북방 지역의 입주는 군부대 작전처럼 시행되었다. 전쟁 직후 해안분지 내부는 탄피와 지뢰가 널려 있는 허허벌판이었다. 1956년 4월, 6사단 군용 트럭에서 160세대의 이주민들이 이곳에 발 디뎠다. 고향을 등지고 새로운 터전을 찾아온 이들은 유사시 농기구 대신 총을 들어야 한다는 '민북마을' 설립 조건에 따라 중장년층으로만 구성되었다. 남북이 서로를 감시하는 첨예한 군사지역인 이곳에서 그들에게 부여된 임무는 그럴듯한 '대북 선전마을'을 가꾸는 것이었다.

DMZ를 머리에 이고 있는 민통선 지역에 다시 밥 냄새가 피어오르기까지는 쉽지 않은 과정이었다. 얼기설기 지은 판잣집이나 초가집에서 미군이 버리고 간 수저와 밥그릇을 주워 쓰며 버텼지만, 땅은 그들의 노력에 응답하지 못할 만큼 척박하였고, 수확은 신통치 않았다. 첫해에 그들은 여기서 벼를 키워 쌀을 수확한다는 것이 거의 불가능하다는 것을 깨달았다. 이주민들은 곡괭이와 삽으로 화전을 일구어 고구마와 감자를 심었지만, 황무지에서의 자립은 요원해 보였다. 개간 과정에서 60여 명이나 폭발물 사고로 인해 죽거나 다쳤는데, 어떤 집에서는 가족 3명이 내리 불구가 되기도 하였다. 개척 과정에서 지뢰 폭발로 피해를 입은 이들에게는 이중삼중의 지난한 정착 과정이었던 것이다.

1968년 1월에 일어난 청와대 무장공비 침투사건 이후 주민들에 대한 통제는 더 엄격해졌고 요새화된 펀치볼에서의 삶은 병영 생활에 가까웠다. 일몰 후에는 적에게 상황이 노출되는 것을 방지하고자 조명 사용을 제한하는 등화관제燈火管制가 시행되었고 가까운 이웃집까지 통행도 금지되었다. 아기를 곧 출산할 것 같은 며느리를 돌보기 위해 불을 피우고 부엌을 드나든 아낙에게 한겨울 왕복 2km의 비포장도로에서 드럼통을 굴리는 '야간 기합'을 주었다는 증언도 있다. 여름에는 주민들의 정신무장을 도모한다는 명분으로 군부대 화장실 청소가 강요되었다. 오물을 퍼 날라서 인근 야산에서 키우던 군부대 부식용 농작물에 거름을 주는 작업이었다. 수복지구에 다시 터를 잡고 사는 그들을 '잠재적 빨갱이'나 '거동 수상한

해안분지 안에서 바라본 주변 산

자'로 만들었던 그 시대의 가혹한 풍경은 웃을 수도 울 수도 없는 블랙 코미디의 한 장면 같다.

인근 북쪽 땅에서도 대남선전 마을이 조성되자 이에 대응하여 체제의 우월성을 과시하고 스스로 마을을 방어해야 한다는 대북 전략촌의 목적이 더욱 중요해졌다. 1970년 다시 100가구를 선발하여 입주시킨다는 계획이 실행되었다. 북쪽에서 내려다보이는 지역에 '문화주택'이나 '재건주택'으로 불리던 집을 제공하고, 만대리 일대의 야산을 불도저로 밀어 5,000평씩 땅도 준다는 계획이었지만, 입주식 날까지도 포기하는 가구가 나올 만큼 환경은 열악하였다. 그래서 개척민들은 메마른 땅에서도 자라는 콩을 심을 수밖에 없었다. 오늘날 돌산령터널로 들어올 때 보이는 오른쪽 산기슭의 넓은 경사 지대는 당시 재건촌 주민들이 일군 '대두단지'다. 그런데 몇 해 동안의 노력에도 콩 수확이 형편없자 이주민들은 다시 이곳을 떠나기 위한 집단행동에 나서기도 했다.

1972년 이후 실시된 재건촌 단장 사업도 주민들의 불만을 해소하기 위한 것은 아니었다. 세련된 유럽풍 전원주택 50채가 급히 지어졌지만, 주민들의 의사가 반영되지 않은 대북 선전용 '북향' 집은 그들의 생활을 더 윤택하게 만들어 줄 수 없었다. '여기서 하룻밤만 자보고 판단하라'라고 구슬리던 군 당국이 기습적으로 원래 살던 집을 철거하였다. 4월이 지나도록 겨울에 쌓인 눈이 녹지 않던, '반공이 국시'이던 엄혹한 분단 시대의 그 집은 대체 누구를 위한 전시물이었을까?

펀치볼 사람들은 뼛속까지 파고드는 시린 추위와 굶주림, 그리고 분단국가의 통제와 억압에도 굴복하지 않았다. 1997년 정부가 개척 농지를 일괄적으로 국유지로 편입하려고 하자 주민들은 더는 참지 않고 저항하기 시작하였다. 당시 정부는 '귀농선 북방지역에 관한 임시조치법'이라는 특별법을 제정하고 '주인 없는 땅'으로 간주한 해안면의 땅을 재정경제부와 농림부로 귀속시키는 국유화를 진행하였다. 정부가 '안보 정신'을 검증한 뒤 이주민을 투입했던 프로젝트였음에도, 30여 년 동안 이주민들이 황무지를 개간해 만든 농지를 보존자료 미비를 이유로 '불법'으로 간주하여, 몰수에 나선 것이다. 더욱이 개간 비용에 대해서도 어떤 보상도 해주지 않는 강제적인 재산권 환수 작업이었다. 그 결과 힘없는 개척민들은 정부에 임대료를 내고 직접 농사를 지을 때만 경작권을 인정받는 신세로 전락하였다. 갑자기 빚을 떠맡게 된 고령의 1세대 주민들은 2001년 이후 개간비 보상을 요구하며 임대계약 거부 투쟁을 벌이기도 하였다.


봄을 기다리는 사람들,
## 펀치볼시래기마을농가

분지의 한 가운데 있는 펀치볼시래기마을농가를 둘러보며 360도로 천천히 돌아가며 봉우리들을 응시한다. 새 둥지 안에 들어온 것처럼 아늑한 기분도 들고 우람한 산세가 만들어준 보금자리 안에 포근히 잠겨 있는 것도 같다. 이 커다란 둥지를 만든 새가 있다면 하루에 구만리 창공을 날아간다는 『장자莊子』의 대붕大鵬 정도는 되어야 할까. 사방이 막혀 있으니 갇혀 있는 듯 답답한 느낌을 줄 법도 한데 인간의 작은 시선에는 분지 내부가 광활해 보인다.

그런데 한눈에 들어오는 둥그런 펀치볼 둘레길을 따라 걸어가면서 가까이서 바라보면 어딘가 모르게 이 땅이 시름시름 앓았던 환자처럼 아파 보이기도 한다. 장대비처럼 쏟아지던 양측 군대의 포탄을 받아내던 이 땅은 이젠 무분별한 산비탈 개간으로 인해 숲이 파괴되면서 토양 유실로 경작 활동이 점점 더 어려워지고 있다. 사방을 둘러싼 경사지에서 내려오는 장마철 빗물에 의해 홍수가 빈번해지고 밭의 흙이 깊은 고랑을 내며 해안천을 따라 흘러가 버리기 일쑤였기 때문이다.

무·배추·감자 등의 고랭지채소가 잘 자라는 펀치볼의 농경지 조건은 최근 들어 더욱 나빠지고 있다. 멀리서도 빽빽이 보이는 구릉 지대의 검은 천막은 최근 들어 외지인들이 들어와 심은 인삼밭인데 점점 그 수가 늘어나고 있다. 바람을 타고 온 겨울 안개가 농약을 엄청 많이 쓴다는 인삼밭 시야를 가릴 때쯤, 땅에 점점이 박힌 하얀 것들이 눈에 들어온다. 가까이 가 보니, 늦가을과 초겨울 사이에 밑동만 남긴 채 잘려져 땅에 박혀 있는 시래기용 무다. 그리고 그 옆으론 집마다 있는 시래기 덕장들이 보이고 정성스레 무청을 널어 말리는 사람들의 손길이 분주하다.

오늘날 해안면은 건강 음식 재료로 주목받는 시래기의 대표 산지로 자리잡았다. 면사무소 주변 '펀치볼시래기마을농가'와 해발고도 400~500m의 청정지역인 만대리·현리·오유리 일대 '펀치볼마을'의 겨울 풍경은 온통 시래기 덕장의 검푸른 색이다. 해안면의 대표적인 특산물이 된 '펀치볼시래기'를 만들기 위해선, 우선 무가 좋아야 한단다. 땅에서 길어 올리고 햇빛에서 얻은 양분을 무 몸통이 아니라 땅 위의 이파리에 집중시키도록 개량된 무는 뿌리 부분이 작달막하다. 줄기를 자르면 물이 확 배어나는 무청은 줄에 매달아 60여 일 동안 말린다. 황태처럼 얼었다가 가끔 드는 햇살에 슬금슬금 녹으며 다시 풀어지는 그 과정을 몇 번이나 반복하고서야 시퍼런 무청은 누릇누릇한 시래기가 된다.

무청을 싹둑 잘라서 잘 널어 말리는 사람의 수고로움이 더해지면 다음엔 앙칼지게 차가운 겨울바람과 변덕스러운 일교차의 도움이 필요하다. 이곳의 겨울은 반나절 잠깐 비추는 따스한 햇볕과 소들이 하얀 입김을 가득 내뿜는 냉기가 교차한다. 이런 큰 일교차가 시래기를 맛있게 말릴 수 있는 최적의 기후 조건을 제공한다. 10월부터 말려 12월부터 수확하는 시래기는 이곳의 혹독한 추위와 주민의 정성이 깃든 합작품이다. 한 해가 넘어가기 열흘 전부터 제대로 먹을 수 있다는 펀치볼시래기는 비타민과 무기질이 풍부하고 오래 삶지 않아도 먹기 좋은 부들부들한 섬유질이 강점이다.

'겨울 농사'가 된 시래기는 이주민들이 월동 먹거리를 만들던 생존 노동의 산물이었지만, 이젠 또 다른 이주자인 동남아시아 노동자들의 손이 절대적으로 필요한 작업이 되었다. 시래기는 완전히 건조된 후에야 다시 물을 흠뻑 빨아들일 수 있고, 무청이 잘린 무는 다시 밭에서 썩어 거름이 된다. 어머니 대자연이 그러하듯 자신을 소멸시켜 '나'의 다른 얼굴인 '너'를 살려내고 서로의 몸은 하나가 되어 흘러간다.

겨울동안 잘 마른 시래기
(ⓒ양구군청 양구올구양)

지질학적 시간과 분단의 역사를 굽어보는 곳,
# 을지전망대

해안분지는 억겁의 세월 동안 서로 다른 구성 물질과 밀도로 만들어진 암석들이 차별침식(differential erosion)되면서 만들어진 분지를 잘 보여준다. 화채 그릇 모양의 바깥쪽을 이루는 높은 산지는 45억 4,000만 년 전~5억 4,300만 년 전까지를 총칭하는 선캄브리아기(Precambrian time)에 형성된 변성암으로 구성되어 있다. 이에 반해 오목한 바닥은 그보다 훨씬 이후인 2억 2,500만 년 전~6,500만 년 전 중생대中生代(Mesozoic Era)의 화강암이다. 즉 지하 약 20km에서 마그마가 기존 암석인 변성암을 파고들며 형성된 화강암이 변성암과의 경계에서 균열, 침식, 풍화, 융기를 차례로 겪으며 분지의 바닥층을 이룬 것이다. 그렇게 바닥이 침식될수록 테두리 부위만 1,000m 이상의 봉우리들로 남고, 분지에서 산등성까지의 거리는 점점 멀어지며 그곳에 고인 물도 웅숭깊어졌으리라.

평화로운 해안분지와 달리 눈 덮힌 산 정상부(© 양구군청 양구올구양)

오유밭길의 솔가봉쉼터(ⓒ 양구군청 양구올구양)

그런데 분지 안에만 있다 보면 누구나 이곳을 한눈에 조망해보고 싶은 욕심이 생길 것이다. 양구통일관에서 출입절차를 거쳐 꼬불꼬불한 도로를 올라가는 '을지전망대'는 펀치볼 전체를 볼 수 있는 최적의 장소다. 1,242m의 가칠봉 능선에 자리한 이곳은 군사분계선에서 약 1km 후방에 있다. 가벼운 뭉게구름쯤은 날려버릴 듯 시원한 바람이 부는 날 전망대에 올랐을 때, 가슴이 탁 트이는 그 장관 앞에서 느껴지는 청량한 기분은 렌즈의 각도와 조리개를 아무리 조정해도 카메라에 도저히 담아올 수 없다. 육안으로도 한눈에 담기지 않는 그 풍경을 멍하니 보고 있노라면 그 옛날 호수였다가, 평화로운 마을이었다가, 전쟁터였다가 다시 을씨년스러운 접경지역이었던 이곳의 장면들이 아스라이 지나간다.

그런데 이곳 산군님 성미는 어찌나 야박하신지 쨍하게 맑은 아래 풍경을 쉽게 보여주지 않는다. 분지 아래는 그저 흐린 날씨 정도인데 전망대에서는 바로 눈앞의 풍경도 안개 속에 갇혀버리기 일쑤다. 그래서 운 좋게 해안분지 전체를 굽어보

고 가는 사람들은 '내가 덕을 쌓았나 보다'는 작은 위안을 받고 산에서 내려온다.

## '펀치볼 여행'에서 체험하는
## 생명의 힘과 평화의 가치

한편 해안분지는 한반도 중부 DMZ 지역의 지질·지형 유산인 '강원평화지역 지질공원'으로 선정된 곳이기도 하다. 유네스코에서 선정하는 '지질공원'은 지역의 희귀한 지질·지형 유산과 그곳에서 서식하는 동·식물의 특성, 지역 사람들의 문화·역사 등 땅 위의 모든 것에서 가치를 발견하는 자연환경보전 제도를 일컫는다. 강원도의 지질 네트워크는 철원의 용암대지로부터 시작해 한탄강과 고석정을 거쳐 화천의 파로호, 양구의 해안분지와 두타연, 인제의 대암산 용늪, 고성의 화

—
DMZ펀치볼 둘레길 탐방(© 양구군청 양구올구양)

진포와 능파대에 이르기까지 20여 곳이 넘도록 이어진다.

펀치볼의 척박한 환경과 분단국가가 강제했던 가혹한 조건에서 살아온 1세대 개척민들은 그 먹거리의 환골탈태換骨奪胎를 지켜보며 '봄'을 기다릴 수 있었다. 무청이 삭풍을 이겨내고 시래기가 되는 것처럼 해안분지는 참혹한 전쟁을 겪으며 분단의 최전선에 자리 잡은 펀치볼로 불리게 되었고, 그 안에서도 사람들은 다시 자식을 낳고 기르며 생명의 땅을 일구었다. '안보 견학지'로 볼 수 있는 모습은 해안분지의 긴 역사를 담은 벽화의 일부일 뿐이며 접경지역 양구와 '최전방 요새' 펀치볼의 모습은 훨씬 더 다채롭다. 이제 한반도의 분단체제가 새로운 '평화의 질서'로 재구축되는 과정에서 우리가 다시 응시해야 할 기억의 장소는 바로 분단 과정에서 고통받았던 사람들이 살던 그곳, 억압의 장소에서 다시 '생명과 평화의 공간'으로 움트는 그 터전이 아닐까.

# 'DMZ펀치볼둘레길' 탐방 및 사전예약

'DMZ펀치볼둘레길' 탐방 온라인 사전예약은 DMZ펀치볼둘레길(dmztrail.or.kr) 또는 숲나들e홈페이지에서 연결되는 (사)DMZ펀치볼둘레길(foresttrip.go.kr)을 통해 가능하다. 주민들의 안내와 함께 펀치볼 구석구석을 둘러볼 수 있는 이 둘레길은 '평화의 숲길', '오유밭길', '만대벌판길', '먼멧재길'의 4가지 코스로 나뉜다. 코스별 경로 상태 및 당일 주변 상황에 따른 참가자 준비사항은 사전예약 후 전화 연락을 통해 파악해야 한다.

- 평화의 숲길(14km / 4시간 / 중급): 안내센터 – 와우산전망대 – 자작나무숲 – 사과나무농장 – 대형벙커 – 잣나무숲길 – 정안사
- 오유밭길(21.12km / 5시간 / 중급): 안내센터 – 동막동 – 오유저수지 – 야생화공원 – 소나무쉼터 – DMZ자생식물원 – 선사유적지
- 만대벌판길(21.9km / 5시간 30분 / 상급): 안내센터 – 만대마을 – DMZ자생식물원 – 성황당 – 만대저수지 – 강송조림지 – 먼멧재숲길
- 먼멧재길(16.2km / 4시간 20분 / 상급): 안내센터 – 자작나뭇숲 – 지뢰지대 – 임시통제초소 – 아리랑고개 – 군헬기장 – 먼멧재봉 – 전차방어선 – 만대벌판길

본문의 사진이나 이미지 자료 중 별도의 출처표기가 없는 사진은 건국대학교 통일인문학연구단 DMZ연구팀에서 촬영 또는 그린 것임을 밝힙니다.
더불어 공공누리 유형 표기가 없는 자료들은 양구군청, 양구수목원, 국립춘천박물관의 허락을 받아 게재한 것으로, 협력에 깊은 감사 인사를 전합니다.
마지막으로 저작권 권리처리된 자료제공 플랫폼인 공유마당의 자료는 원저작자를 밝히고 각 자료 밑에 공유마당으로 출처를 밝혔으며 공공누리 유형표기 및 출처는 다음의 표와 같습니다.

| 장번호 | 쪽수 | 사진명 | 출처 | 공공누리 유형 |
|---|---|---|---|---|
| 2 | 30 | 도솔산지구 전투위령비 | 국가보훈처 현충시설정보서비스 | 1유형 |
| 3 | 42 | 개느삼 자생지 | 문화재청 국가문화유산포털 | 1유형 |
| 3 | 43 | 금강초롱꽃 | 국립백두대간수목원 | 1유형 |
| 5 | 85 | 박수근미술관 전경 | 대한민국역사박물관 근현대사아카이브 | 1유형 |
| 6 | 97 | 해안면 만대리에서 수습한 유물 | 문화재청 국가문화유산포털 | 1유형 |
| 6 | 99 | 고대리와 공수리의 지석묘 | 문화재청 | 1유형 |
| 7 | 111 | 열목어 | 국립생태원 | 1유형 |
| 8 | 133 | 양구 해안선사유적지 전경 | 문화재청 국가문화유산포털 | 1유형 |

| 건국대학교 통일인문학연구단 DMZ연구팀 소개 |

건국대학교 통일인문학연구단은 '소통, 치유, 통합의 통일인문학'과 '포스트 통일 시대의 통합적 코리아학'이라는 아젠다 연구를 수행하고 있는 인문학 분야의 유일한 통일 관련 연구소이다. 문학, 역사학, 철학 등의 인문학을 중심으로 정치학 및 북한학 등이 결합한 융복합적 통일 연구를 진행하면서 다양한 사회적 실천 사업도 진행 중이다. 또한 건국대학교 대학원 통일인문학과 및 문과대학 통일인문교육연계전공 등을 운영하면서 교육 및 후속 양성에도 힘쓰고 있다.

DMZ연구팀은 통일인문콘텐츠 개발의 일환으로 추진된 'DMZ디지털스토리텔링 연구'(2015~2016년), 'DMZ투어용 앱 개발'(2016~2019년) 등을 진행한 통일인문학연구단 산하 DMZ 분야의 전문 연구팀이다. 이 연구팀은 총 5년 동안 DMZ 접경지역을 직접 답사하면서 이 공간과 관련된 다양한 인문적 연구를 특화하여 수행했으며 다양한 원천콘텐츠를 축적했다. 이 책은 바로 이 연구팀 소속 연구진들의 지난 5년 동안의 경험을 토대로 한 답사기이다.


| 저자 소개(가나다 순) |

남경우
통일인문학/구술생애사 전공, 건국대학교 통일인문학연구단 전임연구원

박민철
한국현대철학 전공, 건국대학교 통일인문학연구단 및 대학원 통일인문학과 교수

박솔지
통일인문학/공간치유 전공, 건국대학교 통일인문학연구단 HK연구원

박영균
정치–사회철학 전공, 건국대학교 통일인문학연구단 및 대학원 통일인문학과 교수

윤태양
유가철학 전공, 성균관대학교 한국철학문화연구소 전임연구원

이의진
통일인문학 전공, 한국대학교육협의회 한국고등교육정보센터 연구원

조배준
서양철학 전공, 경희대학교 강사

# DMZ 접경지역 기행 3 　양구편

초판 1쇄 인쇄  2022년 04월 22일
초판 1쇄 발행  2022년 04월 29일

**펴 낸 이**　건국대학교 통일인문학연구단 DMZ연구팀
**감　　수**　최익현
**발 행 인**　한정희
**발 행 처**　경인문화사
**편　　집**　이다빈 김지선 유지혜 한주연 김윤진
**마 케 팅**　전병관 하재일 유인순
**출판번호**　제406-1973-000003호
**주　　소**　경기도 파주시 회동길 445-1 경인빌딩 B동 4층
**전　　화**　031-955-9300　　**팩　　스**　031-955-9310
**홈페이지**　www.kyunginp.co.kr
**이 메 일**　kyungin@kyunginp.co.kr

ISBN 978-89-499-6637-3  03910
값 10,000원